अंटार्कटिका

भविष्य का महाद्वीप

अंटार्कटिका

भविष्य का महाद्वीप

श्यामसुंदर शर्मा

सत्साहित्य प्रकाशन, दिल्ली

प्रकाशक : **सत्साहित्य प्रकाशन**

694–ए, (पहली मंजिल) चावड़ी बाजार, दिल्ली–110006

 / संस्करण : 2026 / मूल्य : तीन सौ रुपए

मुद्रक : नरुला प्रिंटर्स, दिल्ली

ISBN 978-81-7721-243-3

ANTARCTICA: Bhavishya Ka Mahadweep

by Shri Shyam Sunder Sharma

₹ 300.00

Published by **SATSAHITYA PRAKASHAN**

694-A, (First Floor) Chawri Bazar, Delhi-110006

अनुक्रमणिका

1

अंटार्कटिक : इतना महत्त्वपूर्ण क्यों?

भारत के दक्षिण में काफी दूर, हिंद महासागर के पार एक निर्जन प्रदेश है, जिसे बोलचाल की भाषा में 'पेंग्विन का देश' कहते हैं। यह प्रदेश है अंटार्कटिक महाद्वीप। इस प्रदेश में अतीत में कभी भी, किसी भी समय मानव की स्थायी आबादी नहीं रही। पिछले लगभग डेढ़ सौ वर्षों से वहाँ खोजी व्यक्ति और वैज्ञानिक आते-जाते रहते हैं। आमतौर से वे वहाँ कुछ दिनों तक खोज या प्रयोग करते हैं और फिर वापस चले आते हैं। पृथ्वी के इस सबसे निर्जन, सबसे अधिक ठंडे और सबसे अधिक बर्फीले प्रदेश में लगभग स्थायी इमारतें बनाकर उनमें सर्दियाँ बिताने की बात पिछले कुछ दशकों से ही वैज्ञानिकों के मन में आई। कुछ वैज्ञानिकों ने ऐसा किया भी; पर वे भी वहाँ स्थायी रूप से बसना नहीं चाहते। पिछले दो दशकों से साहसिक पर्यटन हेतु वहाँ सैलानी भी जाने लगे हैं।

इस प्रदेश का 'अंटार्कटिक' नाम इसकी स्थिति के कारण ही पड़ा, क्योंकि यह पृथ्वी के एकदम उत्तरी भाग में स्थित 'आर्कटिक' क्षेत्र के एकदम विपरीत, पृथ्वी के दक्षिणी भाग में, स्थित है। वैसे 'अंटार्कटिक' का शाब्दिक अर्थ भी 'आर्कटिक के विपरीत' ही है।

अंटार्कटिक का 97.6 प्रतिशत भाग सदैव बर्फ से ढका रहता है। इसलिए इसे 'सफेद महाद्वीप' भी कहा जाता है।

अंटार्कटिक महाद्वीप की एक अन्य विलक्षणता है अन्य महाद्वीपों से उसकी दूरी। अन्य महाद्वीप एक-दूसरे के काफी निकट स्थित हैं। एक महाद्वीप से दूसरे महाद्वीप तक पहुँचने के लिए एक बार में 100 कि.मी. से अधिक की समुद्री यात्रा नहीं करनी पड़ती; परंतु अन्य महाद्वीपों से अंटार्कटिक तक पहुँचने के लिए कम-से-कम 800 कि.मी. चौड़े समुद्र—दक्षिण अमेरिका के दक्षिणी सिरे, टेरा डेल

फ्यूगो और अंटार्कटिक के बीच स्थित समुद्र, 'ड्रेक मार्ग' (ड्रेक पैसेज), को अवश्य पार करना पड़ता है। यदि हम न्यूजीलैंड से अंटार्कटिक जाना चाहें तब लगभग 2,200 कि.मी. की और दक्षिण अफ्रीका से वहाँ जाना चाहें तब लगभग 3,500 कि.मी. की समुद्री यात्रा करनी पड़ती है। इस समुद्री यात्रा के दौरान बहुत ऊँची-ऊँची, अत्यंत भयंकर समुद्री लहरों का भी सामना करना पड़ता है। ये लहरें पश्चिमी पवन के सागर पर से बहुत वेग से बहने के कारण उठती हैं। भूगोलवेत्ता और नाविक 40 से 50° दक्षिण अक्षांशों के बीच बहनेवाली पश्चिमी पवनों को 'चिल्लाते चालीसा' (रोरिंग फॉर्टीज), 50 से 60° दक्षिण अक्षांशों के बीच बहनेवाली पवनों को 'भयंकर पचासा' (फ्यूरिअस फिफ्टीज) और 60 से 65° दक्षिण अक्षांशों के बीच बहनेवाली पवनों को 'चीखते साठा' (स्क्रीमिंग सिक्सटीज) के विचित्र नामों से पुकारते हैं।

वैसे भी, पृथ्वी पर 55° से लेकर 65° दक्षिण अक्षांशों के बीच कोई बड़ा थल-खंड नहीं है। वहाँ 99.5 प्रतिशत से भी अधिक क्षेत्र में सागर स्थित है। वहाँ पश्चिम से पूर्व की ओर एक जलधारा, पश्चिमी ड्रिफ्ट, निरंतर बहती रहती है। इसी प्रकार अंटार्कटिक महाद्वीप को एक सागर (अंटार्कटिक महासागर) चारों ओर से घेरे हुए है। इस महासागर में बर्फ की उस चादर, जो अंटार्कटिक महाद्वीप को लगभग पूर्ण रूप से ढके हुए है, के बहुत बड़े-बड़े टुकड़े टूटकर गिरते रहते हैं। यद्यपि भौतिकी के एक प्रसिद्ध सिद्धांत के अनुसार, इन टुकड़ों का केवल दसवाँ भाग ही पानी के ऊपर दिखता है—नौ बटे दस भाग पानी में डूबा रहता है—फिर भी पानी (सागर सतह) के ऊपर इनकी ऊँचाई 100-125 मीटर तक हो जाती है। जहाँ तक इनकी लंबाई का सवाल है, वह 100 कि.मी. से भी अधिक हो सकती है। वैसे जनवरी 1927 में एक नार्वेजियन जलयान पर सवार लोगों ने 160 कि.मी. लंबा और लगभग इतना ही चौड़ा हिमखंड देखा था; पर संयुक्त राज्य अमेरिका के जलयान 'ग्लेशियर' पर सवार लोगों ने तो नवंबर 1956 में इससे कहीं बड़े, लगभग 325 कि.मी. लंबे और 105 कि.मी. चौड़े, हिमखंड को देखने का दावा किया था।

अंटार्कटिक महाद्वीप तक पहुँचने के लिए किसी भी व्यक्ति को अत्यंत तीव्र गति से बहनेवाली पश्चिमी पवन, अत्यंत तेजी से बहती हुई समुद्री जलधारा, बहुत विशाल हिमखंडों तथा निरुद्देश्य उड़ते रहनेवाले अल्बाट्रास पक्षियों का सामना करना पड़ता है। यदि कोई व्यक्ति वायुयान से वहाँ पहुँचना चाहे तो भी उसकी यात्रा इतनी आरामदेह नहीं होगी जितनी अन्य महाद्वीपों पर की जानेवाली

हवाई यात्राएँ। आजकल सैलानियों के बड़े-बड़े दल जलपोतों के अतिरिक्त वायुयानों से भी अंटार्कटिक जाते हैं, परंतु हर वायुयान अंटार्कटिक की बर्फ पर न तो उतर सकता है और न ही वहाँ से उड़ान भर सकता है। इसके लिए विशेष यान तथा उपकरणों की आवश्यकता होती है और साथ ही पायलट का अत्यंत दक्ष और अनुभवी होना भी बहुत जरूरी होता है।

इन सबके बावजूद पृथ्वी का यह शुष्कतम—सहारा रेगिस्तान से भी अधिक

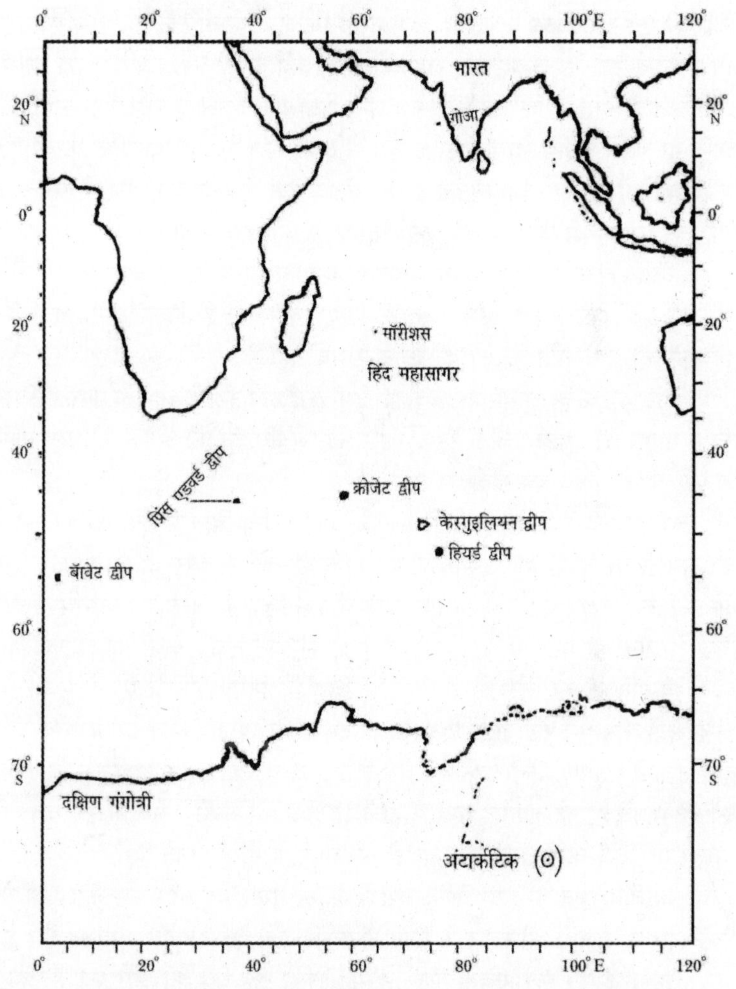

भारत के दक्षिणी भाग और अंटार्कटिक के बीच कोई बड़ा थल-खंड नहीं है।

शुष्क (औसत वार्षिक वर्षा मात्र 10 से.मी.)—सबसे ठंडा और अत्यंत तेज पवन वाला प्रदेश दिन-प्रतिदिन संपूर्ण विश्व के वैज्ञानिकों के अनुसंधानों और प्रयोगों का केंद्रबिंदु बनता जा रहा है। शायद इसीलिए आज का एक साधारण व्यक्ति भी अंटार्कटिक के बारे में जानकारी प्राप्त करने हेतु उत्सुक रहता है। पिछले कुछ दशकों में अंटार्कटिक महाद्वीप के इतने महत्त्वपूर्ण बन जाने के क्या कारण हैं?

वैज्ञानिकों के अनुसार, अन्य महाद्वीपों का पारिस्थितिक तंत्र पृथ्वी के अन्य क्षेत्रों को इतना अधिक प्रभावित नहीं करता जितना अंटार्कटिक का पारिस्थितिक तंत्र। अंटार्कटिक का वायुमंडल, वहाँ की बर्फ, वहाँ के जीवजात परस्पर इस प्रकार अंत:क्रियाएँ करते हैं कि उनके प्रभाव अन्य क्षेत्रों की जलवायु, समुद्री जलधाराओं आदि पर पड़ते हैं। ये क्रियाएँ परोक्ष रूप से अन्य क्षेत्रों को भी प्रभावित करती हैं। वैज्ञानिकों का तो यहाँ तक मानना है कि अंटार्कटिक क्षेत्र के पर्यावरण में होनेवाले परिवर्तन पूरी पृथ्वी की जलवायु और पर्यावरण को बदल सकते हैं।

अंटार्कटिक महाद्वीप अन्य महाद्वीपों की तुलना में बहुत कम प्रदूषित है। इसलिए वहाँ ऐसे प्रयोग और अध्ययन किए जा सकते हैं जिन्हें अन्य क्षेत्रों में, प्रदूषकों की उपस्थिति के कारण, करना संभव नहीं है।

अंटार्कटिक के अतिरिक्त पृथ्वी पर ऐसा कोई क्षेत्र नहीं है जहाँ के पारिस्थितिक तंत्र में मनुष्य की दखलंदाजी न हुई हो। इसलिए जीवविज्ञान की अनेक परिकल्पनाओं के परीक्षण के लिए यह सर्वोत्तम स्थल है।

कुछ दशक पूर्व वैज्ञानिकों ने अंटार्कटिक के वायुमंडल में एक विचित्र घटना का अवलोकन किया था। उन्होंने पाया था कि हर वर्ष सितंबर-अक्तूबर महीनों में अंटार्कटिक के वायुमंडल में ओजोन परत में एक छिद्र हो जाता है। वास्तव में यह छिद्र ओजोन की मात्रा में बहुत अधिक (50 प्रतिशत तक) कमी का द्योतक है।

वैज्ञानिकों का अनुमान है कि इस छिद्र के निर्माण के लिए भी पृथ्वी के अन्य क्षेत्रों में उत्पन्न होनेवाला मानवजन्य प्रदूषण, विशेष रूप से क्लोरोफ्लोरोकार्बनों द्वारा उत्पन्न प्रदूषण, उत्तरदायी है। वैसे वे इसका कारण उन रासायनिक क्रियाओं को भी मानते हैं, जो बर्फीले मेघों में होती रहती हैं। ये बर्फीले मेघ दक्षिण ध्रुव की निरंतर परिक्रमा करनेवाली शीत पवनों के ऊपरी भागों में बनते हैं।

ओजोन परत के ह्रास के कुप्रभावों के अध्ययन हेतु और उन कुप्रभावों के निराकरण के उपायों की खोज के लिए अंटार्कटिक महाद्वीप बहुत उपयुक्त क्षेत्र है।

ऊष्मा अपने स्वाभाविक गुण—गरम क्षेत्र से ठंडे क्षेत्र की ओर प्रवाहित होने के गुण—के अनुसार, उष्ण कटिबंधीय क्षेत्रों से ध्रुवों की ओर प्रवाहित होती रहती

है। इस कार्य में उसके माध्यम होते हैं पवन और सागर। ये उसकी अत्यंत विशाल मात्रा को अपने साथ ध्रुव प्रदेशों की ओर ले जाते हैं। वहाँ वह दीर्घ तरंग-दैर्घ्यवाली विकिरणों के रूप में अंतरिक्ष में विसरित हो जाती है। जब उष्ण कटिबंध से आनेवाली कोष्ण पवन अंटार्कटिक के ऊपर की ठंडी पवन से मिलती है तब उसमें मौजूद भाप बादलों में बदल जाती है। इस प्रकार अंटार्कटिक विश्व जलवायु को, विशेष रूप से दक्षिणी गोलार्द्ध की जलवायु को, नियमित करता है।

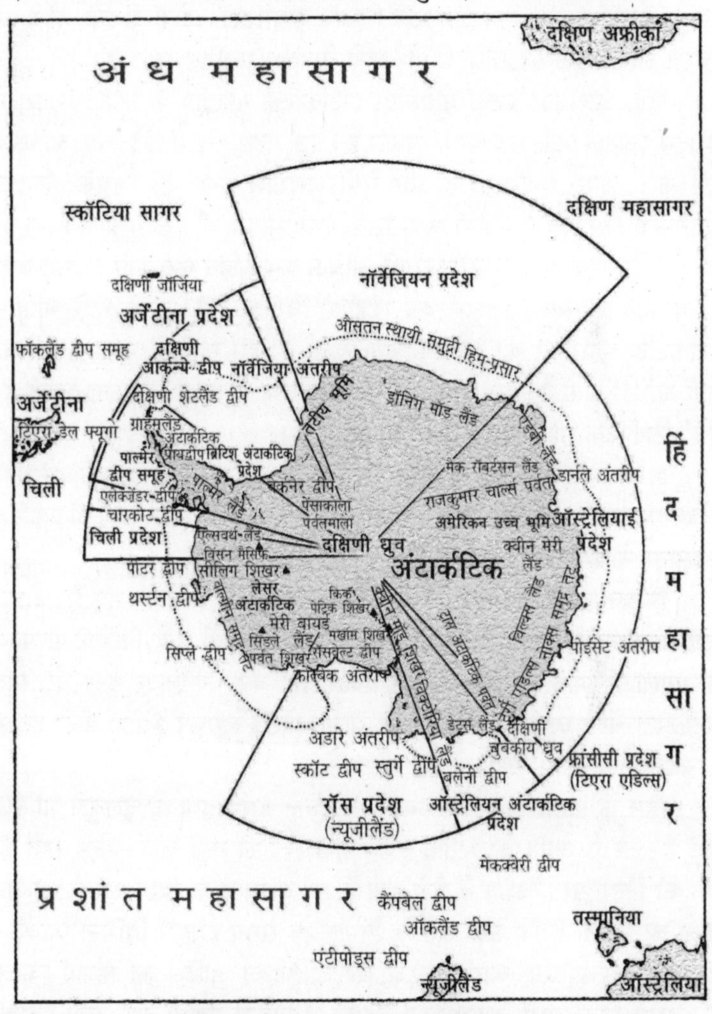

अंटार्कटिक महाद्वीप : स्थिति और भौतिक संरचना

सूर्य से आनेवाले आवेशित कणों की पृथ्वी के चुंबकीय क्षेत्र से अंत:क्रिया के प्रेक्षण हेतु अंटार्कटिक अत्यंत महत्त्वपूर्ण क्षेत्र है। दक्षिणी गोलार्द्ध में शायद यही ऐसा क्षेत्र है जहाँ के आयनमंडल में पार्थिव चुंबकीय क्षेत्र में होनेवाली क्रियाओं और आवेशित कणों की क्रियाओं का एक साथ प्रेक्षण किया जा सकता है।

अंटार्कटिक में कृत्रिम (मनुष्य निर्मित) वैद्युत् बाधाएँ (शोर) बहुत कम होती हैं।

अंटार्कटिक आयनमंडल और निचले वायुमंडल—दोनों रेडियो तरंगों के संचरण और रेडियो रव स्तरों के अध्ययनों के लिए सर्वोत्तम स्थल है।

हिंद, अंध और प्रशांत महासागर अंटार्कटिक महाद्वीप के निकट आपस में मिलकर 'अंटार्कटिक महासागर' बनाते हैं। इस महासागर में ठंडे और कोष्ण—दोनों जल आपस में मिलते हैं और ऐसी जलराशि बनाते हैं, जिसके भौतिक, रासायनिक और जैव गुण अन्य जलराशियों (महासागरों की) के गुणों से भिन्न हैं।

अंटार्कटिक महासागर का सबसे अधिक प्रभाव हिंद महासागर पर पड़ता है, क्योंकि हिंद महासागर उत्तर में थल खंडों से घिरा हुआ है। उसके गहरे भागों में अंटार्कटिक महासागर का पानी पहुँचता रहता है। इस पानी में पोषक तत्त्वों की मात्रा अधिक होती है। इस प्रकार हिंद महासागर के पानी की पोषकता काफी हद तक अंटार्कटिक महासागर के पानी पर निर्भर है।

इसके अतिरिक्त हिंद महासागर के जल के, विशेष रूप से उसके उन भागों के जल के, जो अंटार्कटिक महासागर के संपर्क में आते हैं, अनेक गुण अंटार्कटिक महासागर से प्रभावित होते रहते हैं।

पिछले लाखों-करोड़ों वर्षों से अंटार्कटिक पर हिमपात हो रहा है। अत्यंत ठंडी जलवायु के कारण वहाँ पिछले वर्ष की बर्फ के पूरी तरह पिघलने से पहले ही अगला हिमपात हो जाता है। इस प्रकार वहाँ बर्फ की चादर साल-दर-साल मोटी होती चली जाती है। अब उसकी औसत मोटाई लगभग 2,200 मीटर हो गई है, यद्यपि अधिकतम मोटाई 4,800 मीटर है।

हिम के कठोर होकर बर्फ बनने के दौरान उसमें हवा के बुलबुले भी फँस जाते हैं और ये अनंत काल तक—जब तक निकाले नहीं जाते—फँसे रहते हैं। बर्फ की किसी परत विशेष में फँसे हवा के इन बुलबुलों के विश्लेषण से यह ज्ञात किया जा सकता है कि उस परत के निर्माण के समय हवा में विभिन्न घटकों—नाइट्रोजन, ऑक्सीजन, कार्बन डाइऑक्साइड, मीथेन आदि—की मात्राएँ कितनी थीं। उसमें पराग कणों, ज्वालामुखी उद्‌गार में निकले पदार्थों तथा अन्य प्रदूषकों

की भी मात्राएँ ज्ञात की जा सकती हैं। साथ ही बर्फ के विश्लेषण से तात्कालिक जलवायु की झलक भी मिल सकती है। वैज्ञानिकगण इसी विधि से यह जानने में भी सफल हुए हैं कि आज से लगभग 20,000 वर्ष पहले वायुमंडल में कार्बन डाइऑक्साइड की मात्रा केवल 190 से 200 भाग प्रति 10 लाख भाग ही थी।

अंटार्कटिक महाद्वीप की बर्फ की अत्यंत मोटी परत में पृथ्वी के ताजे पानी की कुल मात्रा का लगभग 70 प्रतिशत मौजूद है। अब यह बात संभावना की परिधि में आ गई है कि जरूरत पड़ने पर हम अंटार्कटिक महाद्वीप से बड़े-बड़े हिमखंड लाकर उनसे ताजे पानी की अपनी माँग पूरी कर सकते हैं।

भूवैज्ञानिकों के अनुसार, अब से लगभग 20 करोड़ वर्ष पहले भारतीय प्राय:द्वीप भी उसी विशाल भूखंड गोंडवानालैंड, जिसमें अफ्रीका, दक्षिण अमेरिका, ऑस्ट्रेलिया और अंटार्कटिक शामिल थे, का एक अंश था। इस प्रकार भारतीय प्राय:द्वीप की संरचना को सही तरीके से समझने के लिए अंटार्कटिक का अध्ययन महत्त्वपूर्ण है।

वैज्ञानिकों का अनुमान है कि हिंद महासागर में उत्पन्न होनेवाली मानसून पवनों की उत्पत्ति में भी अंटार्कटिक महासागर विशेष योग देता है।

अंटार्कटिक में बहुत अधिक सर्दी पड़ने के साथ लगभग चार महीनों तक लगातार सूर्य की रोशनी रहती है और चार महीनों तक लगातार घना अँधेरा रहता है (वहाँ एक-एक महीने तक उषा और संध्या जैसा वातावरण बना रहता है)। वहाँ प्रयोग करनेवाले दलों के सदस्यों को लंबे समय तक समाज से दूर रहकर भी कार्य करना पड़ता है। इसलिए इन असाधारण परिस्थितियों के मनुष्य के शारीरिक और मानसिक स्वास्थ्य पर पड़नेवाले प्रभावों के अध्ययन के लिए अंटार्कटिक बहुत उपयुक्त क्षेत्र है।

और अंत में एक सर्वाधिक महत्त्वपूर्ण बात। भूवैज्ञानिकों के अनुसार, पेट्रोलियम, प्राकृतिक गैस, कोयले, ताम्र अयस्क तथा अनेक उपयोगी खनिजों के अत्यंत विशाल भंडार अंटार्कटिक में मिल सकते हैं।

इन तथा ऐसे अन्य अनेक तथ्यों की दृष्टि से अंटार्कटिक महाद्वीप दिन-प्रतिदिन अधिकाधिक महत्त्वपूर्ण होता जा रहा है; पर उक्त तथ्यों की अधिक जानकारी प्राप्त करने के लिए हमें अंटार्कटिक की निर्माण-प्रक्रिया, उसकी भौतिक संरचना, उसकी खोज, उसकी जलवायु, उसे लगभग संपूर्ण रूप से ढके बर्फ की चादर, उसके जीव-जंतुओं आदि के बारे में चर्चा करनी होगी। आइए, यह चर्चा उसकी खोज से आरंभ करें। □

2

अंटार्कटिक की खोज

अंटार्कटिक एक महाद्वीप है—सबसे अलग-थलग, सबसे विचित्र। उसकी जलवायु के अत्यधिक ठंडी होने से उसपर इतना अधिक हिमपात होते रहने, उसपर अत्यधिक वेग से पवन के निरंतर बहते रहने और बहुत कम वर्षा होने से पूरा अंटार्कटिक प्रदेश एक दुर्गम मरुस्थल बन गया है। उसपर बड़े वृक्ष तो दूर, घास की पत्ती भी नहीं उगती। वह लगभग एकदम वनस्पतिहीन प्रदेश है। उसपर केवल काई, लाइकेन आदि वनस्पति ही उगती है और वह भी मुख्यत: उस भाग में जो बर्फ से मुक्त रहता है। इसलिए उसपर विभिन्न देशों के जिन (कुछ हजार) वैज्ञानिकों की बस्तियाँ हैं, वे अस्थायी हैं। पिछले कुछ दशकों से वैज्ञानिकों के कुछ दल अंटार्कटिक आते-जाते रहे हैं, परंतु वे वहाँ मुख्यत: प्रयोग करने ही जाते हैं। उनमें से कुछ ही वहाँ स्थायी रूप से निवास करने का इरादा रखते थे। इस प्रकार वहाँ कुछ बस्तियाँ बन गई हैं। ये बस्तियाँ बहुत छोटी हैं। वैज्ञानिकों की इन बस्तियों में उनके परिवार भी रहते हैं और उनमें लगभग सब आधुनिक सुविधाएँ मौजूद हैं। इसी प्रकार रोमांच की तलाश में कुछ साहसिक सैलानी भी वहाँ आते-जाते रहते हैं। अधिकतर सैलानी उस प्रदेश में ही आते हैं जो बर्फ की परत से मुक्त है। इसलिए अंटार्कटिक का इतिहास अन्य प्रदेशों के इतिहास से एकदम भिन्न है। उसका संपूर्ण इतिहास उसकी खोज की कहानी है।

प्राचीन यूनानी ग्रंथों में पृथ्वी के दक्षिणतम भाग में एक महाद्वीप के स्थित होने के बारे में अनुमान लगाए गए थे। वास्तव में प्राचीन यूनानी विद्वानों को 'सममिति से बहुत प्रेम' था। वे हर प्राकृतिक वस्तु में सममिति के दर्शन करते थे। उनके अनुसार, पृथ्वी के चार कोनों पर चार एक जैसे महाद्वीप, समरूप में, स्थित होने चाहिए थे। उन्हें उत्तर में स्थित यूरोप और एशिया के बारे में कुछ ज्ञान था। इसलिए

वे समझते थे कि पृथ्वी के दक्षिणी भाग में भी यूरोप और एशिया को संतुलित करने हेतु एक महाद्वीप स्थित होना चाहिए, अन्यथा पृथ्वी लड़खड़ा जाएगी।

टेरा इन्कॉगनिटा

प्राचीन रोमन भूगोलवेत्ता क्लॉडियस टॉलेमैकस (Ptolemacus) (टॉलमी), जो ईसा की दूसरी शताब्दी में सिकंदरिया में रहता था, ने इस दक्षिणी थल-खंड का एक काल्पनिक मानचित्र भी बनाया था और उसे नाम दिया था 'टेरा इन्कॉगनिटा' (अज्ञात थल)। टॉलमी के अनुसार, अफ्रीका और मलय प्राय:द्वीप आपस में थल-खंड द्वारा जुड़े हुए थे। इस प्रकार उसके अनुसार, (वर्तमान) हिंद महासागर एक थल से घिरी हुई जलराशि थी। उस समय लोगों ने उनके इस मत को सही माना था। विचित्र बात यह है कि पंद्रहवीं शताब्दी तक किसी ने भी टॉलमी के इस मत को कोई गंभीर चुनौती नहीं दी।

वास्तव में दूसरी शताब्दी से लेकर पंद्रहवीं शताब्दी के बीच की अवधि में प्रस्तावित दक्षिणी थल-खंड पर गंभीर रूप से ध्यान ही नहीं दिया गया। उस दौरान किसी भी व्यक्ति ने गंभीर रूप से यह मत प्रकट नहीं किया कि पृथ्वी के उत्तर में स्थित आर्कटिक को संतुलित करने के लिए दक्षिण में भी कोई प्रदेश ('प्रति-आर्कटिक'—एंटीआर्कटिक) स्थित होना चाहिए। पर पंद्रहवीं शताब्दी के अंतिम चरण में कोलंबस ने इस प्रस्ताव को पुन: उभारा और मानचित्र-निर्माताओं ने पृथ्वी के नक्शे पर एक बार फिर दक्षिणी थल-खंड को दरशाना आरंभ कर दिया। उस समय इस थल-खंड को वास्तव में खोजा ही नहीं गया था। अतएव उसे 'टेरा ऑस्ट्रेलिस इन्कॉगनिटा' नाम दिया गया।

उसके बाद भी अनेक वर्षों तक यह थल-खंड अज्ञात ही बना रहा। मैगलन की विश्व-यात्रा के दौरान जब सन् 1519-20 में उसके जहाज दक्षिण अमेरिका के दक्षिणतम भाग के निकट स्थित मुहाने में से गुजरकर प्रशांत महासागर में पहुँचे थे तब उस मुहाने के निकट स्थित द्वीप को दक्षिणतम थल-खंड का अंश समझकर उसे 'अग्निद्वीप' (फायरलैंड) या 'टेरा डेल फ्यूगो' नाम दे दिया गया। मैगलन ने अपनी यात्रा के दौरान जिन दक्षिणी द्वीपों—न्यूगिनी, सामन द्वीप, न्यूजीलैंड, ईस्टर द्वीप आदि की खोज की थी, उन सबको भी इस विशाल थल-खंड के तट पर ही स्थित माना गया। कदाचित् इस धारणा के कारण ही उसके कुछ नाविकों ने दक्षिण में एक बहुत उर्वर प्रदेश, 'श्वेत महाद्वीप', के स्थित होने और उसके श्वेत व्यक्तियों द्वारा आबाद होने की कल्पना की थी।

'टेरा ऑस्ट्रेलिस इन्कॉगनिटा' सन् 1531 में मानचित्रों में पहली बार उभरा। इस मानचित्र के निर्माता थे ओरोनटियस। बाद में सन् 1538 में पृथ्वी के मानचित्र तैयार करते समय मरकेटर ने भी ओरोनटियस के मानचित्र को सही माना। मरकेटर के मानचित्र में यह एक विचित्र संयोग था कि मात्र कल्पना के आधार पर टेरा ऑस्ट्रेलिस इन्कॉगनिटा की जो सीमाएँ दरशाई गई थीं कि वे अंटार्कटिक की वर्तमान सीमाओं से काफी मिलती थीं—केवल उसमें अंटार्कटिक को एक-तिहाई बड़ा और ऑस्ट्रेलिया की ओर झुका हुआ दरशाया गया था।

जब फ्रांसिस ड्रेक ने अपनी विश्व-यात्रा आरंभ की तब तक यह दक्षिणी थल-खंड सोने की काल्पनिक खानों के लिए बहुत प्रसिद्ध हो चुका था। एलिजाबेथ— प्रथम के प्रसिद्ध दरबारी जॉन डी के अनुसार, 'यह घना बसा प्रदेश था।' इसलिए ड्रेक को इस प्रदेश के तटों की खोज करने का आदेश दिया गया। ड्रेक दक्षिणी थल-खंड की खोज तो नहीं कर पाए, पर उनकी यात्रा के कुछ महत्त्वपूर्ण परिणाम सामने आए। उन्होंने वह क्षेत्र खोज निकाला जहाँ प्रशांत और अंध महासागर आपस में मिलते हैं। बाद में यह क्षेत्र 'ड्रेक मार्ग' नाम से प्रसिद्ध हुआ। साथ ही उन्होंने केपहॉर्न की खोज की और केपहॉर्न तथा दक्षिणी थल-खंड का सही आकार बताया। यह पहले (मान्य) आकार की तुलना में छोटा था।

गोन्नेविले लैंड की कहानी

टेरा ऑस्ट्रेलिस इन्कॉगनिटा की खोज के गंभीर प्रयत्न आरंभ किए फ्रांस ने। उसे इन प्रयत्नों की प्रेरणा मिली थी 'गोन्नेविले लैंड' की कहानी से। वैसे गोन्नेविले लैंड की कहानी किसी परीकथा से कम नहीं है।

सन् 1498 में वास्को-द-गामा ने यूरोप से भारत पहुँचने का समुद्री मार्ग खोज लिया था। इस खोज ने यूरोप के अनेक देशों के शासकों को समुद्री मार्ग से अपने जहाज भारत भेजने के लिए प्रेरित किया। इन देशों में फ्रांस भी शामिल था। वहाँ से सन् 1503 में सीयर-द-गोन्नेविले (Sieur de Gonneville) को इस मुहिम पर भेजा गया। गोन्नेविले रवाना तो भारत के लिए हुआ था, पर भूमध्यरेखा पार करने के बाद किसी अन्य देश में जा पहुँचा, जो उसके अनुसार 'दक्षिण भारत' था। वह वहाँ लगभग डेढ़ वर्ष तक रहा। फ्रांस वापस लौटते समय उसके पास उस देश के बारे में कई सच्ची और काल्पनिक कहानियों के अतिरिक्त वहाँ का एक राजकुमार भी था। दुर्भाग्यवश रास्ते में उसे एक अंग्रेज समुद्री डाकू ने लूट लिया। उस लूट में उसकी 'खोज' के महत्त्वपूर्ण दस्तावेज भी चले गए। इसलिए जब वह

फ्रांस पहुँचा, तब यह सिद्ध नहीं कर पाया कि उसके द्वारा खोजा गया 'दक्षिण भारत' वास्तव में कहाँ स्थित था। अतएव उसकी खोज काफी समय तक मात्र एक 'कहानी' ही बनी रही। आखिरकार सन् 1663 में उसकी यात्रा के वृत्तांत प्रकाशित हुए। विचित्र बात यह हुई कि उन वृत्तांतों ने लोगों में दक्षिणी थल-खंड में एक बार फिर रुचि उत्पन्न कर दी।

गोन्नेविले लैंड की कथा से प्रेरित होकर दक्षिणी थल-खंड की खोज में पहला फ्रेंच अभियान दल कैप्टन मैरिअन-द-फ्रेस्ने के नेतृत्व में सन् 1732 में भेजा गया। उसे अपने कार्य में सफलता नहीं मिली। वह दल प्रिंस एडवर्ड और मैरिओन द्वीपों की खोज के बाद वापस आ गया।

इसके छह वर्ष बाद फ्रांस ने ही कैप्टन बूवे लोजियर के नेतृत्व में एक और दल 'दक्षिण के राजाओं और तोतों के देश' पर फ्रांस का आधिपत्य स्थापित करने के इरादे से भेजा। इस दल को फ्रेंच ईस्ट इंडिया कंपनी ने अपने दो जल-जहाज भी प्रदान किए थे। बूवे का दल पूर्व की ओर सैकड़ों किलोमीटर तक यात्रा करता हुआ अंत में 57° दक्षिण अक्षांश जा पहुँचा। वहाँ उसे अंटार्कटिक से आते हुए सपाट शीर्षवाले बड़े-बड़े हिमखंड तैरते हुए नजर आए। इन हिमखंडों को देखकर उसने अनुमान लगाया कि 'वे किसी थल-खंड से आ रहे होंगे'। उसका वह अनुमान सही था, पर यह दल भी इससे अधिक कुछ नहीं कर पाया।

यद्यपि फ्रांस के दोनों अभियान दल दक्षिणी थल-खंड की खोज नहीं कर पाए, परंतु इससे फ्रांस के लोगों की दक्षिणी थल-खंड में रुचि कम नहीं हुई। चार्ल्स-द-ब्रॉसेस द्वारा पाँच खंडों में प्रकाशित 'दक्षिणी प्रदेशों का नौचालन का इतिहास' ने इस रुचि को और बढ़ावा दिया। फलस्वरूप फ्रांस ने सन् 1763 और 1772 में दो और अभियान दल भेजे; पर उनके परिणाम भी कुछ बेहतर नहीं निकले।

इस दौरान यूरोप के दो अन्य देश, स्पेन और ब्रिटेन, भी इस क्षेत्र में कूद पड़े। वास्तव में फ्रांस की इन क्षुद्र सफलताओं ने उनके दिलों में ईर्ष्या पैदा कर दी थी। स्पेन प्रशांत महासागर को 'अपना निजी सागर' समझता था। उसे उस सागर में 'किसी अन्य देश की दखलंदाजी पसंद नहीं थी'; परंतु विडंबना यह थी कि अपनी नौसेना के बल पर वह इस दखलंदाजी को रोक भी नहीं सकता था।

ब्रिटेन दक्षिणी थल-खंड की खोज की दिशा में सक्रिय कदम उठाने में पूरी तरह सक्षम था। इस बारे में शीघ्र ही तत्कालीन ब्रिटिश सरकार को ठोस कदम उठाने के लिए प्रेरित करने में नौसेना के हाइड्रोग्राफर एलेक्जेंडर डालरिंपल का बहुत योगदान था। उसके अनुसार, 'दक्षिणी महाद्वीप एक विशाल (लगभग 5

करोड़ की आबादीवाला) समृद्ध क्षेत्र था, जिसपर ब्रिटेन को अपना आधिपत्य अवश्य जमाना चाहिए था।'

अंत में ब्रिटिश नौसेना ने सन् 1768 में इकतालीस वर्षीय जेम्स कुक के नेतृत्व में ताहिती के लिए एक अभियान दल भेजा। कुछ वर्ष पूर्व ही ब्रिटिश कैप्टन विलीज ताहिती द्वीप की खोज कर चुके थे। इस दल का वास्तविक उद्देश्य 'रहस्यमय और अनुमानतः समृद्ध दक्षिणी महाद्वीप' की खोज करना था। जनवरी 1773 में यह दल अंटार्कटिक वृत्त (66°30', दक्षिण अक्षांश) पार करने में सफल हो गया। अगले वर्ष वह 71°10' दक्षिण अक्षांश तक जा पहुँचा। वहाँ उसे बड़े-बड़े हिमखंड मिलने लगे, जिनसे बचकर उसके जहाज और आगे नहीं बढ़ सकते थे। अतएव उसे वापस लौटना पड़ा।

जेम्स कुक ही ऐसे पहले व्यक्ति थे, जो पृथ्वी के दक्षिणतम क्षेत्र में इतनी दूर तक पहुँचने में सफल हुए; पर वे अंटार्कटिक महाद्वीप के दर्शन करने से वंचित ही रह गए। वैसे उन्होंने काफी दूरी से इस महाद्वीप के चक्कर अवश्य लगाए थे। इसके फलस्वरूप वे इस निष्कर्ष पर पहुँचे थे कि 'अंटार्कटिक महाद्वीप को दक्षिण ध्रुव के इर्द-गिर्द ही स्थित होना चाहिए।'

यद्यपि कुक ने अंटार्कटिक महाद्वीप को घेरे हुए अंटार्कटिक सागर में ह्वेल और सील की बहुतायत देखी थी, फिर भी उनके विचार से 'वह (अंटार्कटिक) प्रदेश एक बंजर क्षेत्र था, जहाँ जाने से मनुष्य को कुछ भी हासिल नहीं होनेवाला था।'

प्रथम दर्शन

अंटार्कटिक के बारे में कुक की टिप्पणियाँ काफी निराशाजनक परंतु सही थीं। फलस्वरूप कई वर्षों तक उसकी खोज में कोई अभियान दल नहीं भेजा गया; पर इसका यह अर्थ नहीं कि सील और ह्वेल के शिकार के लिए लोग अंटार्कटिक महासागर में भी न जाते। अठारहवीं शताब्दी के अंतिम चरण में अमेरिका, ब्रिटेन, रूस तथा अन्य देशों के शिकारियों के बड़े-बड़े जत्थे अंटार्कटिक महासागर जाने लगे और शिकार के नाम पर सीलों और ह्वेलों का कत्लेआम करने लगे। इससे कुछ वर्षों में हालत यह हो गई कि सील और ह्वेल के शिकार के लिए शिकारियों को अंटार्कटिक सागर के दक्षिणी भागों की ओर जाने के लिए मजबूर होना पड़ा। इससे सागर के दक्षिणी क्षेत्रों में भी इन प्राणियों का संहार होने लगा, पर लोगों को स्वयं अंटार्कटिक महाद्वीप के भी दर्शन हो गए।

इस बारे में कुछ लोगों का यह मत भी है कि केपहॉर्न का चक्कर काटनेवाले किसी जहाज के नाविक ही अंटार्कटिक महाद्वीप के दर्शन करनेवाले सर्वप्रथम व्यक्ति रहे होंगे। पर इतिहासकार यह श्रेय ब्रिटिश, अमेरिकी और रूसी अन्वेषकों को देते हैं। उनका कहना है कि सन् 1820 में तीन अलग-अलग अभियानों—जिनमें से एक रूस द्वारा, दूसरा संयुक्त राज्य अमेरिका द्वारा और तीसरा ब्रिटेन द्वारा आयोजित किया गया था—के दौरान उक्त ऐतिहासिक घटना घटी थी। कहा जाता है कि जनवरी 1820 में अंटार्कटिक महाद्वीप के इर्द-गिर्द यात्रा करते समय रूसी शाही नौसेना के कैप्टन फैबिअन वॉन बेलिंगशायशन ने लगभग 30 कि.मी. की दूरी से इस महाद्वीप के उस भाग के दर्शन किए थे, जो आज 'अंटार्कटिक प्राय:द्वीप' के नाम से प्रसिद्ध है।

उसी महीने ब्रिटिश कैप्टन एडवर्ड ब्रान्सफील्ड ने भी साउथ शेटलैंड के दक्षिण में यात्रा करते हुए अंटार्कटिक प्राय:द्वीप के दर्शन किए थे। उसी वर्ष (सन् 1820 में) नवंबर मास में सीलों का व्यापार करनेवाले एक अमेरिकी व्यापारी

अंटार्कटिक फर सील (आर्क्टोसेफेलस गजेला)

यही वह सील है जिसका शिकार करने के लिए व्यापारियों ने अंटार्कटिक महासागर जाना आरंभ किया था और अंत में अंटार्कटिक महाद्वीप को खोज निकाला।

नेथानिएल ब्राउन पामर ने भी सीलों का शिकार करते समय उसी प्रदेश (अंटार्कटिक प्राय:द्वीप) को देखा।

इसीलिए कुछ भूगोलवेत्ताओं ने इस प्राय:द्वीप को 'ग्राहमलैंड' (ब्रान्सफील्ड के समय ब्रिटिश नौसेना के प्रमुख जेम्स ग्राहम की यादगार में) नाम दिया तो कुछ ने (पामर द्वारा सर्वप्रथम देखे जाने के कारण) इसे 'पामर पेनिनसुला' (पामर प्राय:द्वीप) कहना आरंभ कर दिया। बाद में संयुक्त राज्य अमेरिका और ब्रिटिश राष्ट्रमंडल के देशों में आपस में हुए एक समझौते के अनुसार, सन् 1964 में इस प्राय:द्वीप का नामकरण 'अंटार्कटिक प्राय:द्वीप' कर दिया गया। अब इसका यही नाम प्रचलित है।

इतिहासकार एक अन्य मुद्दे पर भी एकमत नहीं हैं। यह मुद्दा है—किस व्यक्ति ने सबसे पहले अंटार्कटिक महाद्वीप को 'पददलित' किया था। कुछ इतिहासकार यह श्रेय अमेरिकी ह्वेल व्यापारी जॉन डेविस को देते हैं। उनका कहना है कि डेविस ने सन् 1831 में अंटार्कटिक प्राय:द्वीप के सिरे पर स्थित हजेज खाड़ी को पार कर इस प्राय:द्वीप की जमीन पर पहला कदम रखा था। वह कदम ही अंटार्कटिक महाद्वीप में रखा गया पहला 'मानवीय कदम' था। इस बारे में विडंबना यह है कि डेविस को स्वयं नहीं मालूम था कि वे अंटार्कटिक महाद्वीप की धरती पर पहुँच चुके थे। वे समझते रहे कि वह धरती किसी द्वीप की थी।

अंटार्कटिक महाद्वीप की धरती पर कदम रखनेवाले जिस पहले व्यक्ति के बारे में वैज्ञानिक और अन्वेषक एकमत हैं, वे थे नॉर्वे के व्यापारी हेनरी जॉन बुल। वे अपने साथियों सहित सन् 1895 में अंटार्कटिक की मुख्य भूमि पर उतरे थे। वे रॉस सागर के उस तट, जो न्यूजीलैंड की ओर है, पर केप एडैरे स्थल पर उतरे थे।

जॉन डेविस से कुछ पहले (फरवरी 1823 में) ब्रिटिश सील व्यापारी जेम्स वेडल उस दक्षिणतम स्थल, जो उस समय लोगों को ज्ञात था, से भी 240 नॉटिकल मील दक्षिण की ओर—74°15' दक्षिण अक्षांश और 34°16' पश्चिम देशांतर तक—पहुँचकर उस बर्फमुक्त सागर की खोज कर चुके थे, जो आज 'वेडल सागर' नाम से जाना जाता है।

वेडल की अभियान यात्रा को प्रायोजित करनेवाली फर्म थी—एंडरबी ब्रदर्स। यह ह्वेल और सील का व्यवसाय करनेवाली एक फर्म थी। यह अंटार्कटिक की खोज में बहुत रुचि रखती थी। इस कार्य के लिए यह अन्वेषकों को आर्थिक सहायता भी देती रहती थी यद्यपि ऐसा करते समय यह अपने व्यावसायिक लाभ

मध्यम आकार की रॉस सील, शायद ही कभी 2.5 मीटर से बड़ी होती है, अकेली रहना अधिक पसंद करती है। जब कभी मनुष्य या कोई अन्य जीव इसके निकट आ जाता है तब यह चटचट अथवा गलगल की आवाज करने लगती है।

को नजरअंदाज नहीं करती थी। इस फर्म ने वेडल के बाद जुलाई 1830 में कैप्टन जॉन बिस्को को अंटार्कटिक अभियान पर भेजा। बिस्को ने न केवल अंटार्कटिक महाद्वीप की पश्चिम से पूर्व की ओर परिक्रमा की, वरन् क्वीन एडिलेड और बिस्को द्वीपों तथा केप ऑफ गुड होप के दक्षिण में अंटार्कटिक महाद्वीप के लगभग 480 कि.मी. लंबे तट की भी खोज की। बाद में बिस्को को रॉयल ज्यॉग्राफिकल सोसाइटी का स्वर्ण पदक प्रदान किया गया। यह पदक प्राप्त करनेवाले वे दूसरे व्यक्ति थे।

व्यावसायिक हित और वैज्ञानिक प्रयोग

अब तक यह निश्चित हो चुका था कि पृथ्वी के दक्षिणतम भाग में स्थित थल-खंड वास्तव में एक बड़ा महाद्वीप है। यद्यपि उस समय तक उसके आंतरिक भागों की खोज नहीं हुई थी, पर अन्वेषकों को यह आभास हो गया था कि वह एकदम निर्जन, ठंडा और अत्यंत दुर्गम प्रदेश है। साथ ही, उन्हें यह भी ज्ञात हो गया था कि उस महाद्वीप को चारों ओर से घेरे सागर, अंटार्कटिक महासागर, में सील और ह्वेल की बहुतायत है तथा इनके तेल, खाल और अन्य उत्पाद बेचकर अच्छी रकम प्राप्त की जा सकती है। इस प्रकार सन् 1830 के बाद अंटार्कटिक अभियानों का मुख्य उद्देश्य खोज की बजाय व्यापार हो गया।

वैसे सन् 1830 के दशक में ही भूविज्ञान के क्षेत्र में एक ऐसी महत्त्वपूर्ण

घटना घटी जिसने अन्वेषकों की बजाय वैज्ञानिकों को अंटार्कटिक जाने के लिए प्रेरित किया। सन् 1831 में जेम्स क्लार्क रॉस ने उत्तर ध्रुव के निकट उत्तर चुंबकीय ध्रुव खोज निकाला। इस खोज के बाद महान् जर्मन गणितज्ञ जॉन गॉस ने गणितीय अभिकलनों के बल पर यह घोषणा की कि इसी प्रकार का एक ध्रुव (दक्षिण चुंबकीय ध्रुव) दक्षिणी गोलार्द्ध में कहीं, 66° दक्षिण अक्षांश और 146° पूर्व देशांतर के निकट, स्थित होना चाहिए। इस घोषणा के बाद वैज्ञानिकों में इस ध्रुव की वास्तविक स्थिति ज्ञात करने और पार्थिव चुंबकत्व में अत्यधिक रुचि पैदा हो गई। यह रुचि अत्यंत जबरदस्त थी। इसका आभास प्रसिद्ध भौतिकीविद् एलेक्जेंडर वॉन हंबोल्ट के उस मत से हो सकता है, जो उन्होंने सन् 1836 में प्रकट किया था। उनके अनुसार, 'विज्ञान की किसी भी शाखा ने एक पीढ़ी के दौरान इतनी तेजी से प्रगति नहीं की जितनी 'पार्थिव चुंबकत्व' से संबंधित शाखा ने।'

सन् 1840 के बाद वैज्ञानिकों के दल अंटार्कटिक जाने लगे। सबसे पहले फ्रांस का एक दल अंटार्कटिक के लिए रवाना हुआ। फिर एक अमेरिकी दल और बाद में ब्रिटिश दल। यद्यपि पहले द्यूमांत-द-उरविले के नेतृत्व में भेजे गए फ्रेंच दल का उद्देश्य दक्षिण चुंबकीय ध्रुव की खोज करना नहीं था, उरविले ने अंटार्कटिक प्राय:द्वीप की पश्चिम की ओर से परिक्रमा की, तट के निकट स्थित एक टापू की खोज की (जिसका नामकरण उनकी पत्नी के नाम पर 'एडेली लैंड' हुआ) और यह ज्ञात किया कि दक्षिण चुंबकीय ध्रुव को अंटार्कटिक महाद्वीप के अंदर, तट से लगभग 560 कि.मी. दूर, स्थित होना चाहिए, पर वे स्वयं 'अत्यंत भयंकर बर्फीली परिस्थितियों' के कारण वहाँ नहीं पहुँच सके। उरविले ने अंटार्कटिक महासागर में दो ऋतुएँ बिताईं। उन्होंने उनका विवरण दस खंडों के एक ग्रंथ में प्रस्तुत किया है। यद्यपि यह विवरण अंटार्कटिक के सर्वोत्तम विवरणों में से एक है, परंतु इसका अनुवाद अंग्रेजी में कभी नहीं किया गया।

अंटार्कटिक महासागर में अमेरिकी व्यापारियों की रुचि उन्नीसवीं सदी के प्रथम चरण में ही पैदा हो गई थी। उस समय वहाँ गया एक अमेरिकी जलयान अपनी एक ही यात्रा के दौरान 45,000 फर सीलों की खाल अपने साथ ले आया था। बाद में उन्हें 2.5 लाख डॉलर में चीन के हाथों बेच दिया गया। इसलिए अमेरिकी व्यापारी अपनी सरकार पर अंटार्कटिक को अभियान भेजने के लिए जोर डालते रहते थे, ताकि वे सील की खालों का अत्यंत लाभदायक व्यापार कर सकें। फलस्वरूप सन् 1838 में लेफ्टीनेंट चार्ल्स विल्कीज के नेतृत्व में एक सरकारी अमेरिकी दल अंटार्कटिक के लिए रवाना हुआ। पर न तो दल के

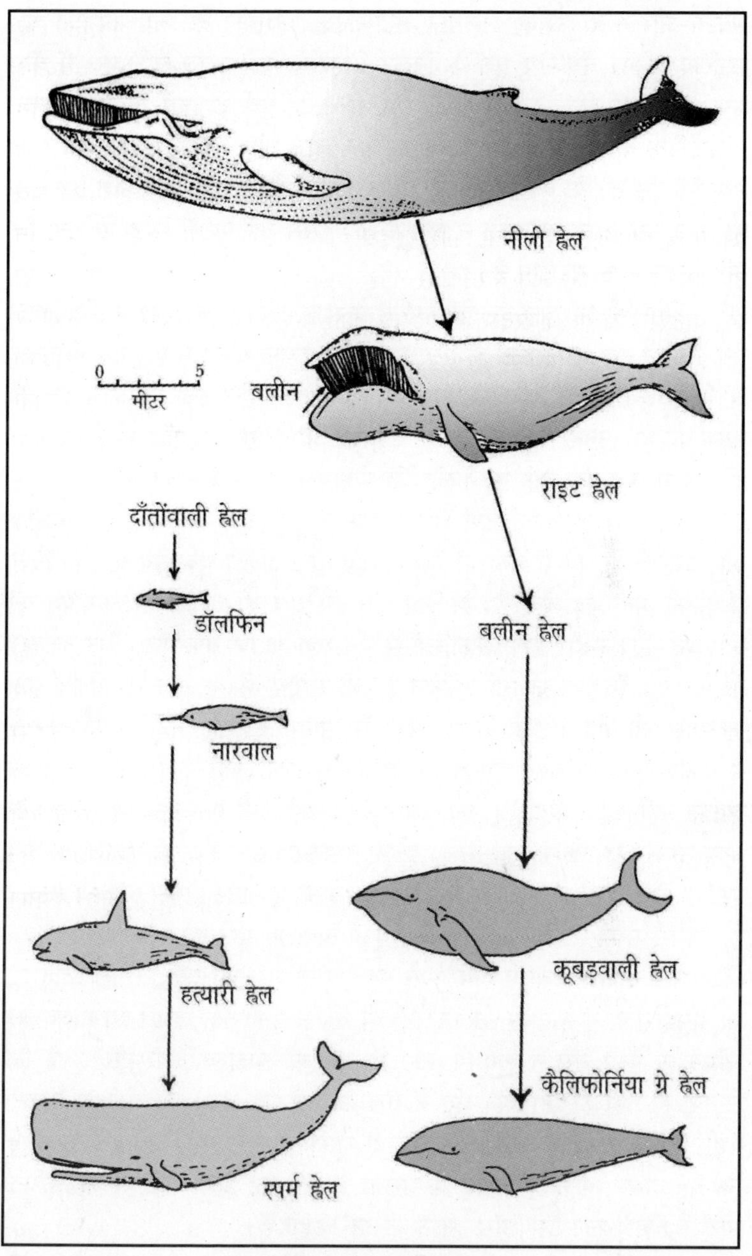

विभिन्न किस्मों की ह्वेल

सदस्य और न ही उसका जलयान अंटार्कटिक अभियान के लिए उपयुक्त था। इसलिए दक्षिण चुंबकीय ध्रुव के निकट विल्कीज का जहाज बर्फ-पुंज में फँस गया। फिर भी विल्कीज ने 106° पूर्व से 166° पूर्व देशांतरों के बीच स्थित अंटार्कटिक के 2,400 कि.मी. लंबे तट की खोज की। यद्यपि बाद में यह पाया गया कि इस तट के कुछ भाग का अस्तित्व ही नहीं है परंतु अधिकांश तट वैसा ही पाया गया जैसा विल्कीज ने बताया था। इससे यह पूर्णत: सिद्ध हो गया कि अंटार्कटिक एक महाद्वीप है।

अमेरिकी अभियान दल के विपरीत जेम्स क्लार्क रॉस के नेतृत्व में अंटार्कटिक गया ब्रिटिश दल अपने कार्य के लिए पूर्णत: सुसज्जित था। रॉस एक दक्ष नौसैनिक थे, जिन्हें ध्रुव क्षेत्र में खोज का काफी अनुभव था। उन्होंने उत्तर चुंबकीय ध्रुव की खोज की थी। उनके मजबूत जहाजों 'इरेबस' और 'टैरर' पर ताँबे की चादरें चढ़ी थीं। इससे वे समुद्री बर्फ का भलीभाँति मुकाबला कर सकते थे।

रॉस जब उपअंटार्कटिक क्षेत्र में एक ऋतु बिता चुके तब उन्हें विल्कीज और उरविले के बारे में समाचार मिले कि वे दोनों दक्षिण चुंबकीय ध्रुव की दिशा में काफी आगे बढ़ चुके हैं। इसलिए रॉस इस ध्रुव की तलाश छोड़कर पूर्व की ओर बढ़ गए। उन्होंने ह्वेल शिकारियों से सुन रखा था कि बर्फ पुंज (पैक आइस) के पार एक विशाल जलराशि स्थित है, जो सर्दियों में भी नहीं जमती। वे उस जलराशि, जो बाद में उन्हीं के नाम पर 'रॉस सागर' कहलाई, तक जा पहुँचे। बाद में दक्षिण की ओर बढ़ते हुए वे 77° दक्षिण अक्षांश, जहाँ उससे पहले कोई भी व्यक्ति नहीं पहुँच पाया था, तक जा पहुँचे। वहाँ उन्हें एक द्वीप पर धुआँ और आग उगलते दो ज्वालामुखी मिले। इनका नामकरण रॉस ने अपने जहाजों के नाम पर 'माउंट इरेबस' और 'माउंट टैरर' किया। इनमें से माउंट इरेबस अब भी सक्रिय है, जिससे समय-समय पर आग और धुआँ निकलते रहते हैं।

रॉस दक्षिण दिशा में और आगे बढ़ते, परंतु बर्फ की एक विशाल 'दीवार', जो समुद्र सतह से लगभग 65 मीटर ऊँची थी, ने उन्हें रोक दिया। इस दीवार को लाँघने के लिए रॉस ने लगभग 400 कि.मी. की यात्रा की, पर दीवार थी कि समाप्त ही नहीं हो रही थी। अंत में रॉस को उसे पार करने की कोशिश छोड़नी पड़ी, क्योंकि तब तक अंटार्कटिक में सर्दी आरंभ हो चुकी थी। अब हमें मालूम है कि वह दीवार आकार में फ्रांस के बराबर है और वह 300 मीटर से भी अधिक मोटी है। आजकल उसे 'रॉस आइस शेल्फ' कहते हैं।

रॉस लौटकर फिर अंटार्कटिक आए। उन्होंने वहाँ दो और गरमियाँ बिताईं,

पर उस दौरान उनकी महत्त्वपूर्ण खोज केवल ह्वेल्स की खाड़ी की खोज तक ही सीमित रही।

रॉस के अन्वेषण और प्रयोगों की चर्चा करते समय हम यह कहे बिना नहीं रह सकते कि वे दक्ष नाविक होने के साथ-साथ वैज्ञानिक भी थे। अपने अंटार्कटिक अभियानों के दौरान उन्होंने स्वयं अनेक चुंबकीय प्रयोग किए, विभिन्न स्थानों पर सागर की गहराइयाँ मापीं और पक्षियों तथा समुद्री जीवों के नमूने इकट्ठे किए। उन्हें जितनी ह्वेल दिखीं उन सबके उन्होंने विवरण नोट किए। साथ ही उन्होंने ह्वेल के शिकारी-व्यापारियों को बर्फ से ढके रहनेवाले समुद्री तटों की ओर जाने का सुझाव दिया, क्योंकि वहाँ उन्हें अधिक संख्या में ह्वेल मिल सकती थीं। उनके अनुसार, अंटार्कटिक महासागर में इतनी ह्वेल थीं कि 'कितना भी शिकार किया जाय, उनकी संख्या कम नहीं होनेवाली थी।' अंत में लगभग अस्सी वर्ष बाद ह्वेल व्यापारी उनकी सलाह मानकर ह्वेल का शिकार करने के लिए बर्फ से ढके सागरों की ओर जाने लगे और खूब धन कमाने लगे। इसीलिए लोग उन्हें 'अंटार्कटिक ह्वेल उद्योग का जनक' भी कहते हैं।

निष्क्रिय अवधि

रॉस के अभियान सन् 1843 में पूरे हो चुके थे। उसके बाद अर्द्धशताब्दी तक कोई अंटार्कटिक अभियान आयोजित नहीं किया गया। आश्चर्य की बात है कि सन् 1843 से 1893 के बीच की अवधि यूरोप के लिए अपेक्षाकृत शांतिपूर्ण थी। यद्यपि उस दौरान, विशेष रूप से पाश्चात्य देशों में, विज्ञान और प्रौद्योगिकी के क्षेत्रों में तेजी से प्रगति हुई, पर वैज्ञानिकों का ध्यान अंटार्कटिक की ओर नहीं गया। इसका एक मुख्य कारण यह था कि उस समय तक पृथ्वी के लगभग हर क्षेत्र की खोज हो चुकी थी और किसी भी साहसिक अन्वेषक के लिए खोज करने योग्य कोई भी महत्त्वपूर्ण क्षेत्र नहीं बचा था। अतएव उक्त अर्द्धशताब्दी के दौरान समुद्री अभियानों का उद्देश्य नए क्षेत्र खोजना नहीं वरन् उनपर कब्जा करना हो गया था। नए क्षेत्रों पर अपना आधिपत्य जमाने के बाद पश्चिमी यूरोपीय देशों का उद्देश्य धन कमाना भी हो गया था। पहले से खोजे जा चुके क्षेत्रों पर अपना आधिपत्य जमाकर और उनके निवासियों का शोषण करके अधिक धन कमाया जा सकता था।

अब तक सब अंटार्कटिक अभियान पश्चिमी यूरोपीय देशों और संयुक्त राज्य अमेरिका द्वारा ही भेजे गए थे। उन्हें अब सुदूर अंटार्कटिक की बजाय निकट के आर्कटिक सागर में रुचि पैदा हो गई थी, क्योंकि उन्नीसवीं सदी के मध्य तक

अंटार्कटिक महासागर के उत्तरी भागों में अत्यधिक शिकार किए जाने के फलस्वरूप सीलों और ह्वेलों की संख्या बहुत कम रह गई थी। इसलिए उनके व्यवसाय में लाभ का अंश बहुत कम हो गया था।

अंटार्कटिक महासागर के दक्षिणी भागों, जहाँ सदैव बहुत विशाल हिमखंड तिरते रहते हैं, तक पहुँचना काफी दुष्कर और साहसिक कार्य था। उस समय तक न तो बर्फ को चीरनेवाले (आइस ब्रेकर) जहाज बने थे और न ही ह्वेलों का दूर से शिकार कर सकनेवाले हारपून का आविष्कार हुआ था।

पर इस 'निष्क्रिय अवधि' के दौरान एक क्षेत्र में बहुत महत्त्वपूर्ण और क्रांतिकारी प्रगति हुई। यह क्षेत्र था सागर-विज्ञान। इस दौरान लंदन की रॉयल सोसाइटी ने सागर-विज्ञान के इतिहास का सबसे बड़ा अभियान 'चैलेंजर अभियान' (दिसंबर 1872 से मई 1876 तक) आयोजित किया। यद्यपि 'चैलेंजर' अनुसंधान पोत अपने अभियान के दौरान कभी भी अंटार्कटिक महाद्वीप के निकट नहीं आया, परंतु उसने इस महाद्वीप के बारे में बहुत उपयोगी जानकारियाँ प्राप्त करने में सफलता प्राप्त की थी। उसने अंटार्कटिक हिमखंडों के पिघलने के क्षेत्र में सागर की तली से चट्टानों के नमूने एकत्रित किए। वे चट्टानें क्वार्ट्ज, ग्रेनाइट, बलुआ पत्थर, चूना पत्थर आदि की पाई गईं, न कि ज्वालामुखी उद्गम की। इससे यह पुष्टि हो गई कि वे किसी महाद्वीप (अंटार्कटिक) से ही टूटकर आई थीं।

इसी दौरान सन् 1882-83 में प्रथम अंतरराष्ट्रीय ध्रुव वर्ष मनाया गया, जिसमें अनेक देशों के वैज्ञानिकों ने सक्रिय भाग लिया।

वैसे 1843-1893 की अवधि में अनेक सागर-वैज्ञानिकों, यथा—मैथ्यू फांटेन मरे, माइकेल सोर्स, एडवर्ड फोर्ब्स, विलियम स्कोर्सबी, बेंजामिन फ्रेंकलिन, वीबल थॉमसन, मार्सडन आदि ने अनेक महत्त्वपूर्ण खोजें कीं; परंतु इन सबसे कहीं अधिक महत्त्वपूर्ण और उपयोगी आविष्कार था जलयानों के चालन में भाप की ऊर्जा का उपयोग। उक्त अवधि में पाल और चप्पू से चलनेवाले जहाजों का स्थान भाप-चालित जहाजों ने ले लिया। इससे नौचालन के क्षेत्र में क्रांति आ गई।

अंत में इस अर्द्धशताब्दी की निष्क्रियता को तोड़ा सन् 1895 में आयोजित छठी अंतरराष्ट्रीय भौगोलिक कांग्रेस ने। लंदन में आयोजित इस कांग्रेस में सर्वसम्मति से यह घोषणा की गई कि 'अंटार्कटिक क्षेत्र की खोज अब भी सबसे महान् भौगोलिक अन्वेषण है।' कांग्रेस ने सब देशों से अगली (बीसवीं) शताब्दी आरंभ होने से पहले अंटार्कटिक अभियान आयोजित करने का अनुरोध किया। अनेक देशों ने ऐसा किया भी; परंतु ऐसा उन्होंने भौगोलिक ज्ञान में वृद्धि की दृष्टि से

नहीं, वरन् ह्वेल के व्यापारियों के दबाव में आकर किया।

अब तक ह्वेल व्यापार के दिग्गज स्वेंड फॉक्सन ह्वेल के शिकार की तकनीक में क्रांतिकारी परिवर्तन ला चुके थे। उन्होंने ऐसी हारपून गन का आविष्कार कर लिया था, जिसे खुली नाव की बजाय तेज चलते हुए जहाज से भी फेंका जा सकता था। यदि यह ह्वेल के शरीर में एक बार घुस जाती है तो ह्वेल लाख कोशिश करने के बावजूद उसे अपने शरीर से बाहर नहीं निकाल सकती।

इससे ह्वेलों का शिकार करने के लिए व्यापारी अंटार्कटिक के तट तक जाने लगे। साउथ जॉर्जिया, साउथ आरकने, साउथ शैटलैंड आदि द्वीपों के तटों पर ह्वेलों से तेल निकालने के कारखाने स्थापित हो गए। कुछ ही वर्षों में अंटार्कटिक क्षेत्र से सबसे अधिक मात्रा में ह्वेल का तेल प्राप्त होने लगा।

ह्वेलों के शिकार को प्रोत्साहन दिलाने में परोक्ष रूप से जेम्स क्लार्क रॉस का भी बहुत हाथ था। उन्होंने उनकी संख्या की गणना करने में बहुत बड़ी त्रुटि कर दी थी। इससे लोगों को यह गलतफहमी पैदा हो गई थी कि अंटार्कटिक महासागर में ह्वेल बहुत बड़ी संख्या में मौजूद हैं।

ध्रुव पर पहुँचने की होड़

उन्नीसवीं सदी के अंतिम दशक में नॉर्वे और बेल्जियम ने एक-एक अंटार्कटिक अभियान आयोजित किया। सन् 1893-94 में सी.ए. लारसन के नेतृत्व में भेजे गए नार्वेजियन दल ने अंटार्कटिक प्राय:द्वीप के पूर्वी तट का 66° 10' दक्षिण अक्षांश तक मानचित्र तैयार किया। बेल्जियम का पहला राष्ट्रीय अभियान दल सन् 1897 में आयोजित किया गया। यद्यपि उसका नेतृत्व बेल्जियम निवासी एंड्रिएन-द-गेरलैके कर रहे थे, परंतु उसमें अन्य देशों के वैज्ञानिक भी शामिल थे। और उन्हीं में थे नॉर्वे के रोआल्ड एमंडसन। बाद में (सन् 1911 में) एमंडसन को ही सबसे पहले दक्षिण ध्रुव पर पहुँचने का श्रेय प्राप्त हुआ।

उक्त दल का जहाज था 'बेल्जिका', जिसमें बर्फ काटने की युक्ति लगी हुई थी। दूसरे शब्दों में, 'बेल्जिका बर्फ-भंजक (आइस ब्रेकर) जहाज का अशोधित संस्करण' था। दुर्भाग्य से वह भी बर्फ-पुंज में फँस गया और अभियान दल के लोगों को अंटार्कटिक महाद्वीप में सर्दी बिताने के लिए मजबूर होना पड़ा।

बीसवीं सदी के प्रथम दशक में तीन और वैज्ञानिक अभियान आयोजित किए गए। इनमें से एक को जर्मनी ने, दूसरे को स्वीडन ने और तीसरे को ब्रिटेन ने भेजा था। सन् 1901-03 में आयोजित जर्मन अभियान के नेता थे डॉ. एरिक वॉन

ड्राइगालस्की। इस दल ने विल्कीजलैंड के पश्चिम में विल्हेल्म द्वितीय क्षेत्र की और 90° पूर्व देशांतर के क्षेत्र में अंटार्कटिक तट के हिंद महासागर की ओर के क्षेत्र की खोज की। इस क्षेत्र की खोजबीन करनेवाला यह पहला दल था।

इस दल का जहाज भी बर्फ-पुंज में फँस गया था; परंतु दल का भाग्य अच्छा था कि जहाज को बड़े-बड़े हिमखंड घेरे रहे। इससे वह टूटा नहीं। वैसे इस दल को भी सर्दी अंटार्कटिक में ही बितानी पड़ी। यद्यपि जर्मन दल ने कोई उल्लेखनीय खोज नहीं की, परंतु उसने जर्मनी में अंटार्कटिक के प्रति रुचि उत्पन्न कर दी, जो द्वितीय विश्वयुद्ध तक बनी रही।

सन् 1901-04 में स्वीडन के दक्षिण ध्रुव अभियान का उद्देश्य पूर्णतः वैज्ञानिक था। वह भूवैज्ञानिक अन्वेषण करना चाहता था। इस अभियान दल को भी अंटार्कटिक में, वेडल सागर क्षेत्र में, सर्दी बितानी पड़ी। उसका जहाज 'अंटार्कटिक' बर्फ-पुंज में फँसकर टूट गया। दल के सदस्य भाग्यवश ही मौत के मुँह से बच पाए।

सन् 1901 में आयोजित ब्रिटिश अभियान अपनी उपलब्धियों की वजह से विशेष उल्लेखनीय रहा। उसके नेता थे कैप्टन रॉबर्ट फाल्कन स्कॉट और उसका जहाज था 'डिस्कवरी'। ये वे ही स्कॉट थे, जिन्होंने सन् 1911 में अपने चार अन्य सहयोगियों के साथ दक्षिण ध्रुव पर पहुँचने की कोशिश की थी। वे इस कोशिश में सफल भी हो गए थे; परंतु इनसे पैंतीस दिन पहले ही रोआल्ड एमंडसन वहाँ पहुँच चुके थे। अतएव वे (स्कॉट) 'दक्षिण ध्रुव विजेता' बनने का श्रेय प्राप्त नहीं कर सके।

यद्यपि अभियान के दौरान स्कॉट का जहाज 'मैकमर्डो साउंड' भी बर्फ में फँस गया और लगभग दो वर्ष तक फँसा ही रहा, परंतु नवंबर 1902 में स्कॉट अपने दो सहयोगियों के साथ तट पर उतर गए और अंटार्कटिक के आंतरिक भाग में काफी दूर तक चले गए। पहले वे टट्टू (पॉनी) द्वारा खींची जानेवाली स्लेजों में रॉस बर्फ शेल्फ के ऊपर दक्षिण की ओर गए और 77° 59' दक्षिण अक्षांश तक पहुँचने में सफल भी हो गए। यद्यपि वे और आगे बढ़ना चाहते थे, परंतु बीमारी, खराब मौसम और भोजन की कमी के कारण ऐसा नहीं कर पाए। हारकर वे वापस आकर अपने दल में शामिल हो गए; परंतु अगली गरमी में वे पर्वतों को पार कर पश्चिम की ओर विक्टोरिया लैंड तक जा पहुँचे।

वैसे स्कॉट के दल की दूसरी टुकड़ी ट्रांसअंटार्कटिक पर्वत को पार करके एक हिमनद पर से होती हुई अंटार्कटिक के बर्फीले पठार की कगार तक जा पहुँची थी।

स्कॉट के उक्त दल का ही एक सदस्य था एडवर्ड शैकलटन। कुछ लोगों का मत है कि बीसवीं सदी में अंटार्कटिक अभियानों में भाग लेनेवाले व्यक्तियों में वे सर्वाधिक उल्लेखनीय व्यक्ति थे। उन्होंने ही सबसे पहले घोषणा की थी कि उनका उद्‌देश्य दक्षिण ध्रुव पर विजय प्राप्त करना है। उन्होंने सन् 1907-09 के ब्रिटिश अंटार्कटिक दल का नेतृत्व किया। मैक मर्डो साउंड में केप रायड्स में सर्दी बिताने के बाद दक्षिण ध्रुव पर पहुँचने के लिए उन्होंने रॉस बर्फ शेल्फ पर से वही मार्ग अपनाया जिससे स्कॉट आगे बढ़े थे। स्लेज खिंचवाने के लिए उन्होंने भी टट्टुओं का उपयोग किया था। अपने मार्ग में उन्होंने बीयर्डमोर हिमनदी की खोज की। उसपर चढ़कर वे अंटार्कटिक के उस केंद्रीय पठार पर जा पहुँचे, जिसपर दक्षिण ध्रुव स्थित है। आगे बढ़ते-बढ़ते वे दक्षिण ध्रुव से मात्र 156 कि.मी. दूर ही रह गए थे जब उन्हें बाध्य होकर अपने दल के साथ वापस लौटना पड़ा। वापस लौटने का फैसला उन्हें बेहद मजबूरी और दबाव के अंतर्गत लेना पड़ा। यदि वे ऐसा न करते तो हो सकता था कि उनके सहयोगी थकान, बीमारी और भूख से दक्षिण ध्रुव पहुँचने से पहले ही मर जाते। उन्हें जीवित वापस ले जाने की प्रबल इच्छा के कारण ही शैकलटन को, अपने लक्ष्य के इतने करीब पहुँचकर भी, खाली हाथ लौटना पड़ा।

वापसी यात्रा के दौरान वे और उनके साथी बमुश्किल अपने बेस कैंप पहुँच सके। उनकी लगभग 1,300 कि.मी. की यात्रा सही शब्दों में 'मृत्यु के विरुद्ध दौड़' थी, पर शैकलटन के दल की एक अन्य टुकड़ी अपने लक्ष्य में सफल रही। वह प्रो. एजवर्थ डेविड के नेतृत्व में जनवरी 1909 में दक्षिण चुंबकीय ध्रुव पर पहुँचने में सफल रही।

जिस समय शैकलटन दक्षिण ध्रुव की ओर बढ़ रहे थे उस समय पेयरी उत्तर ध्रुव को पददलित करने के गंभीर प्रयत्न कर रहे थे और अंत में वे अपने अभियान में सफल भी हो गए।

जून 1910 में रॉबर्ट फॉकन स्कॉट अपने दल के साथ एक बार फिर अंटार्कटिक की यात्रा पर निकल पड़े। इस बार उनका लक्ष्य एकदम स्पष्ट था—दक्षिण ध्रुव पर पहुँचना। जब वे ऑस्ट्रेलिया में थे तब उन्हें रोआल्ड एमंडसन का तार मिला—'मैं भी दक्षिण ध्रुव पर विजय प्राप्त करने के अपने अभियान पर निकल पड़ा हूँ।'

पहले एमंडसन उत्तर ध्रुव पर विजय पाना चाहते थे; परंतु इस कार्य में उन्हें देरी हो गई। वे योजना ही बनाते रह गए और पेयरी वहाँ पहुँच भी गए। इसलिए वे दक्षिण ध्रुव की ओर चल पड़े।

स्कॉट ने इस बार टट्टुओं से स्लेज खिंचवाने का निर्णय लिया, क्योंकि उसके पहले अभियान में कुत्तों ने उन्हें बहुत तंग किया था। उन्होंने मैक मर्डो साउंड में कैप ईवांस पर अपना बेस कैंप स्थापित किया। इसके विपरीत एमंडसन, जो अब तक अंटार्कटिक महाद्वीप पहुँच चुके थे, ने उससे लगभग 720 कि.मी. दूर ह्वेल की खाड़ी (बे ऑफ ह्वेल्स) में अपना बेस कैंप बनाया। वैसे एमंडसन का बेस कैंप स्कॉट के कैंप की अपेक्षा दक्षिण ध्रुव से 97 कि.मी. नजदीक था।

एमंडसन अपने चार सहयोगियों के साथ अपने बेस कैंप से 19 अक्तूबर, 1911 को दक्षिण ध्रुव की ओर रवाना हुए। इस बार उन्होंने एकदम नया मार्ग अपनाया। वे क्वीन मॉड पर्वत में एक हिमनद के साथ-साथ आगे बढ़े। उनके दल के लोग स्काई और हलके, परंतु बहुत गरम, कपड़े पहने हुए थे। वे अपना भोजन तथा उपकरण स्लेजों पर लादकर ले गए थे, जिन्हें बयालीस एस्किमो कुत्ते खींच रहे थे। ये कुत्ते ध्रुवीय प्रदेश के लिए विशेष रूप से प्रशिक्षित किए गए थे। इन्होंने एमंडसन को दक्षिण ध्रुव पहुँचाने में बहुत मदद की थी; पर जब कोई कुत्ता बीमार पड़ जाता अथवा स्लेज नहीं खींच पाता तो उसे मारकर खा लिया जाता था।

एमंडसन अपने मार्ग की पहचान बनाए रखने के लिए थोड़ी-थोड़ी दूरी पर बर्फ के टीले बनाते जाते थे। साथ ही वे वहाँ कुछ भोजन सामग्री भी छोड़ते जाते थे जिससे वापसी यात्रा के दौरान भी उनके दल को पर्याप्त मात्रा में भोजन उपलब्ध हो सके।

अंत में 14 दिसंबर, 1911 को एमंडसन अपने दल सहित दक्षिण ध्रुव जा पहुँचे। वहाँ पहुँचकर उन्होंने अपने विशेष नौचालन यंत्रों से इस बात की पुष्टि की कि वे वास्तव में दक्षिण ध्रुव पर पहुँच गए हैं अथवा नहीं। कुछ समय वहाँ बिताने के बाद वे अपने देश (नॉर्वे) का झंडा तथा अपना टेंट गाड़कर और स्कॉट के लिए संदेश छोड़कर अपने सहयोगियों के साथ वापस बेस कैंप की ओर चल पड़े। जब 25 जनवरी, 1912 को वे अपने बेस कैंप पहुँचे तब केवल ग्यारह कुत्ते ही जीवित बचे थे, परंतु उनके दल के सब सदस्य एकदम स्वस्थ थे। वे अपने उद्‌देश्य में सफल हो गए थे।

उधर स्कॉट अपने साथियों के साथ 1 नवंबर, 1911 को दक्षिण ध्रुव की ओर रवाना हुए। यात्रा के दौरान दल को भोजन तथा अन्य सामग्री पर्याप्त मात्रा में नियमित रूप से उपलब्ध कराने के इरादे से उन्होंने एक बृहत् योजना बनाई थी। परंतु ध्रुव प्रदेश ऐसा क्षेत्र है जहाँ अधिकतर योजनाएँ विफल हो जाती हैं। स्कॉट की योजना के साथ भी यही हुआ। उनके उन्नीस टट्टुओं में से नौ शीघ्र ही काल-

कवलित हो गए और मोटर स्लेज खराब हो गया। इसलिए स्कॉट के दल को अपने भारी स्लेज खुद ही खींचने पड़े। उनके इस कार्य को अंटार्कटिक के अत्यंत ठंडे मौसम ने और कठिन बना दिया।

स्कॉट ने दक्षिण ध्रुव पहुँचने के लिए वही मार्ग अपनाया, जिससे पहले शैकलटन गया था। अनेक मुसीबतें झेलते हुए, अंटार्कटिक की बर्फ से बुरी तरह झुलसते हुए, एकदम थकी और टूटी हालत में, स्कॉट तथा उनके चार साथी 17 जनवरी, 1912 को दक्षिण ध्रुव पर जा पहुँचे; पर वहाँ उन्हें नॉर्वे का फहराता हुआ झंडा और एमंडसन का संदेश मिला। इससे उनका दिल एकदम टूट गया। किसी तरह औपचारिकता निभाते हुए दल ने दक्षिण ध्रुव पर अपना फोटो खींचा और मानसिक रूप से एकदम निराश तथा शारीरिक रूप से एकदम टूटे हुए वे वापस लौट पड़े।

रोआल्ड एमंडसन : दक्षिण ध्रुव पर (14 दिसंबर, 1911)

अब उनके दिल में उत्साह बिलकुल नहीं था। वे अपने शरीरों को किसी तरह ढो रहे थे। उनकी भोजन सामग्री लगभग समाप्त हो चुकी थी और उनके शरीर थकान एवं ठंड से पूरी तरह चूर हो चुके थे। इसके बावजूद उन्होंने दक्षिण ध्रुव प्रदेश से इकट्ठे किए चट्टानों के नमूनों के पैंतीस पौंड वजन को नहीं छोड़ा। जहाँ तक बन सका, उसे अपने साथ घसीटते रहे। निश्चय ही यह दयनीय स्थिति अधिक दिनों तक नहीं चल सकती थी। अंत में जब वे अपने बेस कैंप से केवल 18 कि.मी. दूर थे तब अत्यंत खराब मौसम में उनका प्राणांत हो गया। लगभग आठ महीने बाद एक खोजी दल को एक टेंट में उनके जमे हुए शरीर मिले, जहाँ उनकी कब्र बना दी गई। अंटार्कटिक की अत्यंत ठंडी जलवायु के कारण मृतकों के शव परिरक्षित रहे आए थे।

यद्यपि रॉबर्ट फॉकन स्कॉट दक्षिण ध्रुव पर पहुँचनेवाले प्रथम व्यक्ति का श्रेय हासिल नहीं कर सके, परंतु उनका अदम्य साहस, दृढ़ इच्छाशक्ति और प्राकृतिक आपदाओं पर विजय पाने के उनके प्रयत्नों की अपूर्व गाथा हमेशा-हमेशा के लिए लोगों को याद रहेगी। इसीलिए जब भी दक्षिण ध्रुव पर विजय की चर्चा चलती है तब एमंडसन के साथ उनका नाम भी उभरकर सामने आ जाता है।

रॉबर्ट स्कॉट अपने साथियों सहित दक्षिण ध्रुव पर 17 जनवरी, 1912
(स्कॉट दाहिनी ओर से दूसरे हैं)

अनेक व्यक्तियों के दिलों में आज भी स्कॉट के लिए बहुत अधिक आदर और सम्मान है। वे उनके कार्यों का अनुसरण करना चाहते हैं। इसी भावना से प्रेरित होकर स्कॉट अभियान के तिहत्तर वर्ष बाद, सन् 1985 में, तीन साहसिक व्यक्तियों ने स्कॉट द्वारा अपनाए गए मार्ग से ही दक्षिण ध्रुव पहुँचने का प्रयत्न किया था। ये व्यक्ति थे प्राचीन इतिहास में रुचि रखनेवाले और ब्रिटिश अंटार्कटिक सर्वे में कार्यरत रॉबर्ट स्वान, ब्रिटेन के ही एक प्रसिद्ध पर्वतारोही रोजन मीअर और कनैडियन पर्वतारोही गारेथ वुड।

तीनों व्यक्तियों का यह दल स्कॉट के केप ईवांस (मैक मर्डो साउंड, अंटार्कटिक) के बेस कैंप से उसी तरह से और उतने ही सामान के साथ, जो स्कॉट का दल अपने साथ ले गया था, 3 नवंबर, 1985 को रवाना हुआ और 11 जनवरी, 1986 को, पूर्व निर्धारित तिथि से पाँच दिन पहले, दक्षिण ध्रुव पर जा पहुँचा।

आंतरिक भागों की खोज

दक्षिण ध्रुव पर विजय पा ली गई। दक्षिण ध्रुव पहुँचने की स्पर्धा समाप्त हो गई पर अंटार्कटिक महाद्वीप का काफी बड़ा भाग अब भी 'अज्ञात' बना हुआ था। उसकी खोज नहीं हो पाई थी। अब वह काम आरंभ हुआ।

वैसे उसी दौरान, जब एमंडसन और स्कॉट अपने-अपने बेस कैंप स्थापित कर रहे थे, फिल्चनर के नेतृत्व में जर्मन दक्षिण ध्रुव अभियान (सन् 1910-12) वेडल सागर के दक्षिणी सिरे पर स्थित वाहसेल खाड़ी पहुँच चुका था। उसका

स्कॉट और उनके दो सहयोगियों के पार्थिव अवशेष अब भी अंटार्कटिक महाद्वीप में दफन हैं।

जहाज बर्फ–पुंज में फँस गया, पर शीघ्र ही उससे निकल भी गया।

यद्यपि कुछ वर्ष पूर्व शैकलटन को अपना दक्षिण ध्रुव विजय अभियान बीच में समाप्त करना पड़ गया था, परंतु अंटार्कटिक महाद्वीप के प्रति उनका मोह कम नहीं हुआ था। अतएव सन् 1914 में वे ब्रिटिश इंपीरियल ट्रांस अंटार्कटिक अभियान के नेता के रूप में फिर से अंटार्कटिक महाद्वीप जा पहुँचे। वे वाहसेल खाड़ी में एक ऐसा बेस कैंप स्थापित करना चाहते थे जिसमें अभियान दल शीत ऋतु आसानी से बिता सके और जहाँ से वह अंटार्कटिक महाद्वीप के एक सिरे से दूसरे सिरे के लिए यात्रा आरंभ कर सके।

इस सिलसिले में ऑस्ट्रेलिया के डगलस मॉवसन का भी नाम उल्लेखनीय है। उनके दल ने सन् 1911–14 के बीच की अवधि में विल्कीज लैंड में दो बेस कैंप स्थापित किए थे और मैकक्वारी द्वीप पर पहला रेडियो संचार केंद्र स्थापित किया था। अंटार्कटिक महाद्वीप में खोज कर रहे दल इस रेडियो संचार केंद्र द्वारा आपस में आसानी से संपर्क कर सकते थे।

ऑस्ट्रेलियाई अभियान के दौरान एडेली तट पर कॉमनवेल्थ खाड़ी में स्थापित मुख्य कैंप से पाँच प्रमुख सर्वेक्षण कार्यान्वित किए गए। इनमें से एक सर्वेक्षण के दौरान मॉवसन अपने सहयोगियों से बिछुड़ गए। बेस कैंप तक उनकी लगभग 160 कि.मी. की अकेली यात्रा का वृत्तांत रोंगटे खड़े कर देनेवाला है।

मॉवसन के अभियान के दौरान एडेली लैंड और किंग जॉर्ज फिफ्थ लैंड, दोनों क्षेत्रों, की पूरी तरह खोज हो गई तथा क्वीन मेरी लैंड और केप डेनीसन के बीच की तटरेखा का भलीभाँति मानचित्रण हो गया। साथ ही मॉवसन द्वारा स्थापित बेसों में से तीन में पंद्रह वैज्ञानिकों ने अपने प्रयोग भी किए।

फिल्चनर, शैकलटन और मॉवसन के अभियानों के साथ अंटार्कटिक में साहसिक अभियानों का अध्याय लगभग समापन पर आ गया था। इन साहसिक अभियानों में यदि बहुत शानदार उपलब्धियाँ प्राप्त हुई थीं तो अनेक दुःखद घटनाएँ भी घटी थीं। यदि साहसिक व्यक्तियों को आशा से कहीं अधिक सनसनीखेज सफलताएँ मिली थीं तो अनेक बार एकदम निराशा भी हाथ लगी थी। साथ ही अंटार्कटिक अन्वेषण में आधुनिक विज्ञान और प्रौद्योगिकी, विशेष रूप से सागर–विज्ञान, भूविज्ञान तथा दूरसंचार और आवागमन के साधनों में हुई प्रगति ने बहुत योग दिया था। दूसरी ओर जहाँ अधिकतर अन्वेषकों के मन में केवल 'अज्ञात को ज्ञात बनाने' की अदम्य इच्छा ही प्रमुख थी, वहाँ कुछ अन्वेषकों ने 'अपने देश के लिए नए क्षेत्रों को हथियाने' के उद्देश्य से ही अंटार्कटिक अभियान आयोजित

किए थे। इन उद्देश्यों के साथ अनेक बार एक तीसरा उद्देश्य भी जुड़ जाता था। वह था सील और ह्वेल के व्यापार से अधिकाधिक धन कमाने का।

सन् 1914 के बाद अंटार्कटिक खोज में कुछ समय के लिए फिर बाधा आ गई। यह बाधा प्रथम विश्वयुद्ध के आरंभ हो जाने के कारण आई थी। सब लोगों का ध्यान युद्ध की ओर चला गया। युद्ध समाप्त होने के बाद जब वैज्ञानिकों (अब अंटार्कटिक महाद्वीप जानेवाले लोगों में मुख्यत: वैज्ञानिक और उनके सहायक ही होते थे) का ध्यान फिर से अंटार्कटिक की ओर गया तब तीन वस्तुओं का न केवल आविष्कार हो चुका था, वरन् वे लोगों के जीवन में भी भलीभाँति प्रवेश कर चुकी थीं। ये वस्तुएँ थीं मोटर कार, वायुयान और बेतार संचार व्यवस्था। अब अंटार्कटिक दलों ने भी इनकी भरपूर सहायता ली।

वायुयान युग

वायुयान के आविष्कार और उपयोग से पहले अंटार्कटिक महाद्वीप के अधिकांश आंतरिक भाग 'अज्ञात' ही रह गए थे। स्लेज आवागमन का उत्तम साधन नहीं था। उससे यात्रा में बहुत देर लगती थी। साथ ही उससे यात्रा करने में काफी कष्ट भी उठाना पड़ता था। उससे अंटार्कटिक के हर भाग में पहुँचना यदि

एडमिरल रिचर्ड ई. बर्ड और उनके साथी : लिटिल अमेरिका (अंटार्कटिक) में

असंभव नहीं तो अत्यंत कठिन अवश्य था। इसके विपरीत वायुयान में उड़ान भरकर सहज ही दूर-दूर तक पहुँचा जा सकता था।

जमीन पर खड़े रहकर एक अन्वेषक अपने आस-पास के ज्यादा-से-ज्यादा 5 कि.मी. दूर तक के क्षेत्र का अवलोकन कर सकता है। इस प्रकार के अवलोकन से क्षेत्र विशेष के सही मानचित्र भी नहीं बन पाते। जमीन से 600 मीटर की ऊँचाई पर उड़ान भरते हुए वायुंयान का पायलट अपने इर्द-गिर्द के 96 कि.मी. क्षेत्र तक के सही फोटो ले सकता है। कैमरों की क्षमता में और ग्राउंड कंट्रोल व्यवस्था में सुधार करके इस क्षेत्र को 192 कि.मी. तक बढ़ाया जा सकता है। वायुयान की उड़ान-ऊँचाई को 1,500 मीटर करके इस क्षेत्र को उड़ान-पथ के हर ओर लगभग 150 कि.मी. तक और बढ़ाया जा सकता है। वैसे अब उपग्रह की मदद से पूरे अंटार्कटिक महाद्वीप जैसे विशाल भूभाग का चित्र एक बार में ही लिया जा सकता है।

यद्यपि मॉवसन ने भी अपने अभियान के दौरान वायुयान का उपयोग करने की कोशिश की थी, परंतु एडिलेड (ऑस्ट्रेलिया) में वायुयान के दुर्घटनाग्रस्त हो जाने से वे उसका पूरा उपयोग नहीं कर पाए थे। वायुयान युग का आरंभ हो जाने के बाद अंटार्कटिक अभियान के क्षेत्र में संयुक्त राज्य अमेरिका अग्रणी देश बन गया, क्योंकि उसके पास अन्य देशों की तुलना में अधिक साधन उपलब्ध थे।

वायुयान का उपयोग आरंभ हो जाने के बाद अंटार्कटिक अभियानों के सिलसिले में तीन अन्वेषकों के नाम सहज ही उभरकर सामने आ जाते हैं। वे अन्वेषक थे—बर्ड, विल्किंस और एल्सवर्थ।

रीयर एडमिरल रिचर्ड ई. बर्ड संयुक्त राज्य अमेरिका की नौसेना में ऑफिसर थे और मई 1926 में उत्तर ध्रुव के ऊपर से वायुयान में सफल उड़ान भर चुके थे। कहा जाता है कि इस उड़ान के बाद रोआल्ड एमंडसन के साथ एक बार रात्रि-भोज करते समय उन्होंने दक्षिण ध्रुव पर ऐसी उड़ान भरने की योजना के बारे में चर्चा कर दी। उत्तर में एमंडसन ने कहा, 'यह एक बहुत बड़ा मजाक होगा; परंतु ऐसा किया जा सकता है। आपका विचार एकदम सही है।...वास्तव में वायुयान की मदद से ही अंटार्कटिक की खोज पूरी तरह हो सकती है।'

उसके बाद बर्ड ने अपनी योजना को मूर्त रूप देना आरंभ कर दिया। सन् 1928 में बर्फीले महाद्वीप में लंबी उड़ान भरने में सब प्रकार से सक्षम वायुयान, बर्फ पर चल सकनेवाले मोटर वाहन, रेडियो, फेयर चाइल्ड के-3 कैमरे आदि से लैस होकर वे अंटार्कटिक जा पहुँचे। अंतत: 29 नवंबर, 1929 को बर्ड का विमान

दक्षिण ध्रुव के ऊपर से उड़ान भरने में सफल हो गया। उस विमान को नॉर्वेजियन पायलट बेरंट बालचेन उड़ा रहा था। उसने ह्वेल की खाड़ी से उड़ान आरंभ की थी और दक्षिण ध्रुव पर से उड़ान भरकर वह वापस वहीं जा उतरा था। इस संपूर्ण उड़ान में उसे सोलह घंटों से भी कम समय लगा था।

दक्षिण ध्रुव पर से बर्ड की यह अंतिम उड़ान नहीं थी। उसके बाद भी उन्होंने और उनके दल के सदस्यों ने अनेक उड़ानें भरीं। वास्तव में ये सब उड़ानें बर्ड के प्रथम अंटार्कटिक अभियान (सन् 1928-30) की ही अंश थीं। इनमें उन्होंने क्वीन मॉड लैंड, एडवर्ड सेवंथ पेनिनसुला, एडसल फोर्ड रेंज आदि क्षेत्रों के हवाई सर्वेक्षण किए।

अपने द्वितीय अंटार्कटिक अभियान (सन् 1933-35) के दौरान बर्ड और उसके सहयोगियों ने अंटार्कटिक के अंदरूनी भागों पर अनेक हवाई यात्राएँ कीं। साथ ही वे ट्रैक्टरों से भी दूर-दूर तक यात्राएँ करते रहे। इस दौरान उन्होंने अंटार्कटिक के बर्फ-छत्रक (आइस कैप) के तथा पार्थिव चुंबकत्व, कॉस्मिक किरण, मौसम और भूविज्ञान संबंधी अध्ययन किए।

सन् 1939-40 में आयोजित अभियान के दौरान बर्ड के पास दो हवाई जहाज थे, जिनसे उसने लिटिल अमेरिका और मारगुइराइट खाड़ी से कई उड़ानें भरी थीं। इन उड़ानों में उसने अंटार्कटिक प्राय:द्वीप, एलेक्जेंडर फर्स्ट द्वीप, रॉस बर्फ शेल्फ, क्वीन मॉड रेंज आदि के सर्वेक्षण किए थे।

बर्ड ने सन् 1946 और 1947 में अमेरिकी नौसेना के 'ऑपरेशन हाई जंप' का भी नेतृत्व किया था। यह अभियान किसी अकेले देश द्वारा आयोजित सबसे बड़ा अंटार्कटिक अभियान था। इसमें 4,700 व्यक्तियों, 13 जलयानों तथा 23 वायुयानों और हेलीकॉप्टरों ने भाग लिया था। इस अभियान के दौरान 26 नए द्वीपों सहित काफी बड़ा भूभाग खोजा गया और 12,300 कि.मी. लंबे, उस समय तक 'अज्ञात' तट के फोटो लिए गए।

बर्ड की उपलब्धियों की चर्चा करते समय हमें ह्यूबर्ट विल्किंस और लिंकन एल्सवर्थ को नहीं भूलना चाहिए। वास्तव में अंटार्कटिक महाद्वीप में हवाई सर्वेक्षण का कार्य ह्यूबर्ट विल्किंस ने ही आरंभ किया था। यद्यपि वे ऑस्ट्रेलिया के निवासी थे, पर उन्होंने ही सन् 1927-28 के संयुक्त ब्रिटिश-अमेरिकी अभियान का नेतृत्व किया था। तिरती ह्वेल फैक्टरी 'हेक्टोरिआ' में यात्रा करते हुए वे अपने दो विमानों के साथ डिसेप्शन द्वीप पर उतरे थे और उन्होंने 16 नवंबर, 1928 को अंटार्कटिक पर पहली उड़ान भरी थी। अंटार्कटिक प्राय:द्वीप के पार और उसके पूर्वी तट के

साथ-साथ उन्होंने दस घंटे की हवाई यात्रा की थी। इसमें वे अपने बेस से 70°20' दक्षिण अक्षांश और 64°15' पश्चिम देशांतर तक जाकर वापस आए थे। इस प्रकार उन्होंने लगभग 1,900 कि.मी. की दूरी तय की थी।

अंटार्कटिक पर कदाचित् सबसे रोमांचक हवाई यात्राएँ की थीं लिंकन एल्सवर्थ ने। जनवरी 1934 में ह्वेल की खाड़ी से वेडल सागर की ओर पहली उड़ान के दौरान उनके जहाज में खराबी आ गई और उन्हें अपनी उड़ान समाप्त करनी पड़ी। अगले वर्ष उन्होंने दूसरी उड़ान भरी अंटार्कटिक महाद्वीप को पार करने के लिए डिसेप्शन द्वीप से ह्वेल की खाड़ी की ओर। दुर्भाग्यवश यह उड़ान भी सफल नहीं हुई; परंतु उस समय तक वायुयान मोबिल आयल खाड़ी, इटरनिटी रेंज और जॉर्ज सिक्स्थ साउंड पार कर चुका था। उसे एल्सवर्थ हाई लैंड पर (79°15' दक्षिण अक्षांश और 102°35' पश्चिम देशांतर) पर उतरना पड़ा। उस समय तक विमान में ईंधन भी समाप्त हो गया। इसलिए एल्सवर्थ को आगे की यात्रा पैदल ही तय करनी पड़ी।

जैसा आप ऊपर पढ़ चुके हैं, विभिन्न देशों द्वारा अंटार्कटिक अभियान आयोजित करने की पृष्ठभूमि में कुछ देशों का लक्ष्य उस महाद्वीप के विभिन्न भागों पर अपना कब्जा जमाना भी था। बर्ड के अभियान तक अंटार्कटिक महाद्वीप के लगभग सभी क्षेत्र खोजे जा चुके थे और विभिन्न देशों की सरकारें अपने कब्जे का दावा करने लगी थीं। इन देशों में अर्जेंटाइन, चिली, ऑस्ट्रेलिया, न्यूजीलैंड, ब्रिटेन, फ्रांस, नॉर्वे आदि प्रमुख थे। विचित्र बात यह थी कि अनेक बार अलग-अलग देश एक ही इलाके के बारे में अपने दावे पेश कर देते थे। यद्यपि अंटार्कटिक की खोज में संयुक्त राज्य अमेरिका और रूस ने काफी सक्रिय योग दिया था, परंतु उन्होंने उसके किसी भी भाग पर अपने दावे की घोषणा नहीं की। साथ ही उन्होंने उस महाद्वीप पर किसी भी देश के दावे को मान्यता भी नहीं दी; पर उन्होंने अन्य देशों के मन में यह बात जमा दी थी कि वे किसी भी समय अपने दावे पेश कर सकते हैं। कदाचित् इन दोनों देशों में से हर एक की इच्छा अकेले ही पूरे अंटार्कटिक महाद्वीप को हड़प जाने की थी, परंतु दूसरे देश के रहते वह ऐसा नहीं कर सकता था। इसीलिए इन दोनों ने किसी देश के दावे को मान्यता नहीं दी।

वैसे सन् 1935 और द्वितीय विश्वयुद्ध के आरंभ होने की अवधि तक स्थिति लगभग यही रही। इस बीच जर्मनी, जिसपर तब तक नाजी पार्टी का शासन हो चुका था, ने सन् 1938-39 में अपना एक दल अंटार्कटिक भेजा था। उस समय तक अंटार्कटिक के केवल दो क्षेत्र—मेरी बर्ड लैंड और क्वीन मॉड लैंड—

ऐसे बचे थे, जिनके बारे में किसी भी देश ने औपचारिक रूप से अपना दावा पेश नहीं किया था। जर्मनी इन इलाकों पर अपने कब्जे की औपचारिक घोषणा करता, उससे पहले ही द्वितीय विश्वयुद्ध आरंभ हो गया। इस कारण एक बार फिर यूरोपीय देश और अमेरिका अंटार्कटिक को भूलकर युद्ध में रत हो गए।

अंतरराष्ट्रीय ध्रुवीय वर्ष बनाम अंतरराष्ट्रीय भूभौतिक वर्ष

उन्नीसवीं सदी के उत्तरार्द्ध तक विज्ञान और प्रौद्योगिकी के क्षेत्र में काफी प्रगति हो चुकी थी। विज्ञान और प्रौद्योगिकी की उपलब्धियों का ध्रुवीय प्रदेशों की खोज में उपयोग करने की दृष्टि से सन् 1881-82 में प्रथम अंतरराष्ट्रीय ध्रुवीय वर्ष (इंटरनेशनल पोलर ईयर) आयोजित किया गया था। इसके आयोजन का श्रेय ऑस्ट्रियन अन्वेषक कार्ल वेयप्रेक्ट को है, जिनका मत था कि आर्कटिक क्षेत्र में विभिन्न भौतिक तथ्यों के अध्ययन हेतु केंद्रों की एक शृंखला स्थापित की जानी चाहिए। उनके मतानुसार, आर्कटिक क्षेत्र के मौसम, भू-चुंबकत्व और ध्रुवीय ज्योति आदि के अध्ययन के लिए बारह अभियान एक साथ आयोजित किए गए।

इसके पचास वर्ष बाद सन् 1932-33 में द्वितीय अंतरराष्ट्रीय ध्रुवीय वर्ष आयोजित किया गया। इसमें अन्य क्षेत्रों के साथ-साथ आयनमंडल और कॉस्मिक किरणों के अध्ययन भी किए गए तथा मौसम संबंधी अध्ययनों को विस्तृत पैमाने पर करने हेतु उपकरणों को गुब्बारों की मदद से ऊपरी वायुमंडल में भेजा गया; पर ये सब अध्ययन आर्कटिक क्षेत्र में ही किए गए। अंटार्कटिक क्षेत्र इन अध्ययनों और प्रयोगों से वंचित रह गया।

सन् 1950 में तीसरे अंतरराष्ट्रीय ध्रुवीय वर्ष के आयोजन का प्रस्ताव रखा गया। साथ ही यह सुझाया गया कि भविष्य में इन आयोजनों के बीच में पच्चीस वर्ष का अंतराल रखा जाए। भाग्य से सन् 1957-58 के दौरान सूर्य की क्रियाओं के भी उच्चतर होने की गणना की गई थी। इसलिए वह अवधि सौर क्रियाओं के प्रभावों का अध्ययन करने हेतु भी विशेष रूप से उपयुक्त थी। इसीलिए इन अध्ययनों को विश्वव्यापी स्तर पर करने हेतु एक विशेष नेटवर्क स्थापित किया गया और इस नए 'ध्रुवीय वर्ष' का नाम बदलकर 'अंतरराष्ट्रीय भूभौतिक वर्ष' (इंटरनेशनल जियोफिजिकल ईयर) कर दिया गया। परिणामस्वरूप अंतरराष्ट्रीय भूभौतिक वर्ष के दौरान विश्व के अन्य क्षेत्रों की भाँति अंटार्कटिक महाद्वीप में भी विशेष प्रेक्षण केंद्र स्थापित किए गए।

अंतरराष्ट्रीय भूभौतिक वर्ष के दौरान कुछ अध्ययन, यथा स्ट्रेटोस्फीयर के

ताप पर दिन के प्रकाश और रात के अँधेरे के प्रभाव अथवा आयनमंडल के वैद्युत् गुण, ध्रुवीय ज्योति आदि, के अध्ययन केवल ध्रुवीय प्रदेशों में ही किए जा सकते थे। इस प्रकार के अध्ययनों के लिए आर्कटिक प्रदेश की तुलना में अंटार्कटिक महाद्वीप को अधिक उपयुक्त पाया गया, क्योंकि अंटार्कटिक दक्षिण भौगोलिक ध्रुव के इर्द-गिर्द स्थित एक थल-खंड है। दक्षिण ध्रुव थल पर स्थित है। इसके विपरीत उत्तर ध्रुव सागर पर तैरते हुए पतले बर्फ छत्रक पर स्थित है। उत्तर ध्रुव के बर्फ छत्रक पर स्थित होने के कारण उसपर सन् 1937 में रूस द्वारा स्थापित प्रेक्षण केंद्र एक ही वर्ष के दौरान कई किलोमीटर दूर सरक गया था; परंतु दक्षिणी ध्रुव के थल पर स्थित होने के फलस्वरूप उसपर संयुक्त राज्य अमेरिका द्वारा सन् 1957 में स्थापित केंद्र बहुत कम सरका है। अतएव दक्षिण ध्रुव अनेक भौतिक प्रेक्षणों के लिए उत्तर ध्रुव की तुलना में अधिक उपयुक्त स्थल है।

अंटार्कटिक महाद्वीप का 97.6 प्रतिशत भाग बर्फ छत्रक से ढका हुआ है। वह पृथ्वी का सर्वाधिक ठंडा क्षेत्र है। वह मौसम संबंधी अनेक अध्ययनों के लिए सर्वाधिक उपयुक्त है।

इसलिए 1 जुलाई, 1957 से 31 दिसंबर, 1958 तक आयोजित अंतरराष्ट्रीय भूभौतिक वर्ष के दौरान बारह देशों ने अंटार्कटिक और उसके आस-पास के द्वीपों पर अनेक प्रेक्षण केंद्र स्थापित किए। ये देश थे अर्जेंटाइन, ऑस्ट्रेलिया, बेल्जियम, चिली, ब्रिटेन, जापान, रूस, दक्षिण अफ्रीका, न्यूजीलैंड, नॉर्वे, फ्रांस और संयुक्त राज्य अमेरिका।

अमेरिका ने अपने केंद्र भौगोलिक दक्षिण ध्रुव तथा पाँच द्वीपों और प्रशांत महासागर में (80° दक्षिण और 120° पश्चिम) स्थापित किए तथा रूस ने दक्षिण चुंबकीय ध्रुव और 'अगम्यता ध्रुव' (पोल ऑफ इनएसेसिबिलिटी) पर अपने केंद्रों की स्थापना की। अगम्यता ध्रुव एक ऐसा स्थल है जो अंटार्कटिक के सब तटों से लगभग समान दूरी पर स्थित है।

ब्रिटेन, फ्रांस आदि देशों ने भी विभिन्न स्थलों पर अपने केंद्र स्थापित किए। लंदन की रॉयल सोसाइटी, जो अपने स्थापना काल से ही वैज्ञानिक अभियानों, विशेष रूप से सागर-वैज्ञानिक अभियानों और ध्रुवीय अभियानों में, सक्रिय योग देती रही थी, ने हैली खाड़ी में एक केंद्र स्थापित किया।

अंतरराष्ट्रीय भूभौतिक वर्ष के दौरान वैज्ञानिकों ने अंटार्कटिक में भूकंप, गुरुत्वाकर्षण बल, चुंबकत्व, सौर सक्रियता, बर्फ छत्रक की मोटाई, अंटार्कटिक के थल की आकृति, सागर-विज्ञान आदि से संबंधित अनेक महत्त्वपूर्ण अध्ययन किए।

अंतरराष्ट्रीय भूभौतिक वर्ष के दौरान विविन फ्यूच ने कुत्तों और ट्रैक्टरों की मदद से अंटार्कटिक महाद्वीप को एक सिरे से दूसरे सिरे तक पार किया। इस यात्रा के दौरान उन्हें जनवरी 1958 में दक्षिण ध्रुव पर एडमंड हिलेरी मिले।

साथ ही मौसम-वैज्ञानिकों ने वायु के दाब, आर्द्रता, ताप तथा बहने की दिशा, गति आदि से संबंधित अध्ययन किए और अंटार्कटिक के मौसम चार्ट तैयार किए।

इसी अवधि में ब्रिटिश भूवैज्ञानिक विविन फ्यूच ने उस दल का नेतृत्व किया, जिसने पहली बार कुत्तों और ट्रैक्टरों की मदद से अंटार्कटिक महाद्वीप को एक सिरे से दूसरे सिरे तक पार किया। यह दल कॉमनवेल्थ ऑफ नेशंस द्वारा आयोजित अभियान के अंतर्गत भेजा गया था। फ्यूच ने अपनी यात्रा 24 नवंबर, 1957 को वेडल सागर के तट से आरंभ की। वह दक्षिण ध्रुव पर से होता हुआ 3,473 कि.मी. की दूरी तय करके 2 मार्च, 1958 को मैक मर्डो साउंड जा पहुँचे। इस बीच उन्हें जनवरी 1958 में दक्षिण ध्रुव पर एडमंड हिलेरी मिले, जो अपने साथ खाद्य सामग्री तथा अन्य वस्तुएँ लाए थे। ये वही हिलेरी थे जिन्होंने तेनसिंग के साथ मई 1953 में माउंट एवरेस्ट पर विजय प्राप्त की थी।

अंतरराष्ट्रीय भूभौतिक वर्ष अनेक देशों द्वारा किसी बृहत् योजना को एक साथ मिलकर, बिना किसी राजनीतिक दुर्भावना के, सफलतापूर्वक कार्यान्वित करने का अनूठा उदाहरण है। यद्यपि इस वर्ष के आरंभ होने से पहले अनेक देश अंटार्कटिक के विभिन्न हिस्सों पर अपने दावे पेश कर चुके थे, पर इस दौरान

उन्होंने दूसरे देशों के वैज्ञानिकों द्वारा अपने 'अधिकार क्षेत्र' में अध्ययन और प्रयोग करने पर कोई भी एतराज नहीं किया। भारत ने भी इस वर्ष में अपना योग दिया था, परंतु वह अंटार्कटिक महाद्वीप से संबंधित नहीं था।

अंतरराष्ट्रीय भूभौतिक वर्ष के आरंभ में ही अंटार्कटिक में किए गए प्रेक्षणों और अध्ययन इतने उत्साहवर्धक रहे कि इस वर्ष को आयोजित और नियंत्रित करनेवाली समिति 'कामिते स्पेशियल आंते जियोफिजिक इंटरनेशनल' (भूभौतिक अनुसंधान हेतु विशेष अंतरराष्ट्रीय समिति) ने इन अध्ययनों को 'वर्ष' की समाप्ति के बाद भी जारी रखने का निर्णय लिया। साथ ही यह भी निर्णय लिया कि भविष्य में ये अध्ययन भूभौतिक विषयों तक ही सीमित नहीं रहेंगे। फलस्वरूप अंटार्कटिक अनुसंधान हेतु एक विशेष समिति का गठन किया गया। बाद में, सन् 1961 में, इस समिति का नामकरण 'स्पेशल कमेटी ऑन अंटार्कटिक रिसर्च' (एस.सी.ए.आर.--'स्कार') कर दिया गया।

यह समिति अब भी अंटार्कटिक में वैज्ञानिक अध्ययन कार्यक्रमों को समन्वित करती है। इसी के प्रयासस्वरूप सन् 1959 में 'अंटार्कटिक संधि' संपन्न हो सकी। □

3

निर्माण और भौतिक संरचना

आज अंटार्कटिक महाद्वीप पृथ्वी के अन्य सब महाद्वीपों से बहुत दूर, एकदम निर्जन और बर्फ से लगभग पूर्णतः ढका हुआ क्षेत्र है। साथ ही वह सबसे ठंडा, सबसे ऊँचा और अत्यंत वेगवान् पवनों का क्षेत्र है। आर्कटिक क्षेत्र की भाँति वहाँ भी ध्रुवीय ज्योति दिखाई देती है। आकार में यह लगभग वृत्ताकार है, जिसमें से केवल अंटार्कटिक प्रायःद्वीप (पामर प्रायःद्वीप) ही 'एस' अक्षर की भाँति दक्षिण अमेरिका की ओर निकला हुआ है। यह पृथ्वी का सातवाँ महाद्वीप कहलाता है, यद्यपि विस्तार के अनुसार महाद्वीपों में इसे पाँचवाँ स्थान मिलना चाहिए, क्योंकि इसका क्षेत्रफल लगभग 1,42,45,000 वर्ग कि.मी. है, जिसमें 16,40,000 वर्ग कि.मी. तिरती हुई शेल्फ बर्फ भी शामिल है। वह पृथ्वी के कुल क्षेत्र के दसवें भाग को घेरे हुए है। सर्दी के मौसम में इस महाद्वीप को चारों ओर से घेरे हुए महासागर जम जाता है। उस समय यदि अंटार्कटिक के क्षेत्रफल में उस जमे हुए सागर के क्षेत्र को भी शामिल कर लिया जाए तब वह बढ़कर पृथ्वी के कुल क्षेत्रफल का एक-चौथाई हो जाता है।

वैसे अंटार्कटिक यूरोप और ऑस्ट्रेलिया दोनों महाद्वीपों से बड़ा है। उसका विस्तार भारत और चीन के सम्मिलित क्षेत्रों से भी अधिक है। लगभग संपूर्ण अंटार्कटिक महाद्वीप (केवल अंटार्कटिक प्रायःद्वीप के अतिरिक्त) अंटार्कटिक वृत्त (66°30' दक्षिण अक्षांश) के दक्षिण में स्थित है।

इसकी सबसे अधिक चौड़ाई अंटार्कटिक प्रायःद्वीप से विल्हेल्म-II तट तक लगभग 5,550 कि.मी. है। अंटार्कटिक के तट की कुल लंबाई 31,900 कि.मी. है।

आज अंटार्कटिक में केवल लाइकेन, काई आदि वनस्पतियाँ ही उगती हैं। वहाँ न तो बड़े वृक्ष उगते हैं और न ही थल पर कुछ कीड़ों और लगभग 12 मि.मी.

वैज्ञानिकों का मत है कि अब से लगभग चार करोड़ वर्ष पूर्व इस प्रकार के स्तनधारी अंटार्कटिक की धरती पर विचरण करते थे। समझा जाता है कि ये कंगारू की भाँति 'थैलीवाले' जीव थे, जिनका विकास अमेरिका और अंटार्कटिक में हुआ था और वहाँ से वे ऑस्ट्रेलिया पहुँचे थे।

बड़ी पंखविहीन मक्खियों के अतिरिक्त कोई जंतु पाया जाता है, परंतु अंटार्कटिक महाद्वीप हमेशा से वनस्पतिविहीन और जंतुविहीन क्षेत्र नहीं था। अब इस बात के अकाट्य प्रमाण मिले हैं कि आज से लगभग 20 करोड़ वर्ष पूर्व अंटार्कटिक गोंडवानालैंड थल-खंड का एक अभिन्न अंग था। वैज्ञानिकों के एक दल को सन् 1969 में दक्षिण ध्रुव से लगभग 650 कि.मी. दूर क्वीन एलेक्जेंड्रा रेंज के बलुआ पत्थर संस्तर में एक जीवाश्म कपाल मिला था। अध्ययनों में पाया गया कि वह कपाल 'लिस्ट्रोसॉरस' का था। ये जंतु उत्तरार्द्ध (लोअर) ट्राइसिक कल्प में, अब से लगभग 20 करोड़ वर्ष पूर्व, गोंडवानालैंड के दक्षिणी भाग में विचरण करते थे।

गोंडवानालैंड काफी पहले (20 करोड़ वर्ष पूर्व) आदिमहाद्वीप पेंजिया से टूटकर अलग हुआ था। उस समय गोंडवानालैंड में अंटार्कटिक के अतिरिक्त दक्षिण अमेरिका, अफ्रीका, ऑस्ट्रेलिया, भारतीय प्रायःद्वीप, मलागासी, शेसल्स आदि भी शामिल थे। ये सब दक्षिण ध्रुव के इर्द-गिर्द स्थित थे, पर उस समय स्वयं दक्षिण ध्रुव की स्थिति वर्तमान स्थिति से कहीं भिन्न थी। वह 20° दक्षिण अक्षांश और 20° पूर्व देशांतर पर स्थित था। उस समय गोंडवानालैंड की जलवायु काफी सुखद थी, क्योंकि वह उपोष्ण कटिबंध में स्थित था। उस समय उसपर घने जंगल थे, जिनमें बड़े ऊँचे-ऊँचे वृक्ष थे। धरती की उलट-पलट से या किसी अन्य कारण से ये जंगल जमीन के नीचे दब गए। लाखों-करोड़ों वर्षों तक बहुत

दाब के नीचे (ऐसी परत में जहाँ का ताप काफी अधिक था) दबे रहने से ये वन बहुत धीरे-धीरे सुलगते रहे और अंत में कोयले (पत्थर के कोयले) में परिवर्तित हो गए। आज वैज्ञानिक अंटार्कटिक में कोयले के जिन भंडारों की बात करते हैं, वे इसी प्रकार बने थे।

अंटार्कटिक के कुछ भाग काफी लंबे समय तक सागर में डूबे रहे। उस सागर की तली पर लाखों वर्षों तक छोटे-बड़े जंतुओं के अवशेष गिरते रहे। साथ ही उनपर रेत, मिट्टी आदि की परतें भी जमती रहीं। उन अवशेषों के बहुत लंबे समय तक (करोड़ों वर्षों तक) जमीन के नीचे दबे रहने से वे पेट्रोलियम में परिवर्तित हो गए। ये ही वे पेट्रोलियम के भंडार हैं जो अंटार्कटिक महाद्वीप के तटीय प्रदेशों में स्थित समझे जाते हैं और जिनको प्राप्त करने के लिए आज अनेक देश लालायित हैं।

उस समय, जब अंटार्कटिक घने जंगलों से आच्छादित था, उसपर अनेक वंशों और प्रजातियों के जंतु भी निवास करते थे। इनमें डायनासोर आदि जैसे बड़े जीव भी शामिल थे और छोटे जीव भी। अब इन्हीं जंतुओं के अवशेष हमें अंटार्कटिक के विभिन्न भागों में यदा-कदा मिल जाते हैं।

एक समय (अब से लगभग 15 करोड़ वर्ष पूर्व) ऐसा भी आया, जब उक्त गोंडवानालैंड भी टूट गया। उसके कुछ भाग—दक्षिण अमेरिका और अफ्रीका—पश्चिम की ओर तथा भारतीय प्राय:द्वीप उत्तर-पूर्व की ओर सरकने लगे। ऑस्ट्रेलिया और अंटार्कटिक उस समय भी आपस में जुड़े रहे, पर अंत में उनमें भी बिछोह हो गया। ऐसा होने पर अंटार्कटिक दक्षिण की ओर ही सरकता गया और पृथ्वी के एकदम सुदूर दक्षिण में जा पहुँचा।

बर्फ की परत

अंटार्कटिक के भूमध्यरेखा, जहाँ वर्ष भर गरमी पड़ती है, से बहुत दूर चले जाने से उसकी जलवायु दिन-प्रतिदिन ठंडी होती चली गई। इससे अंटार्कटिक पर वर्षा की जगह हिमपात होने लगा। धीरे-धीरे हिमपात की आवृत्ति बढ़ने लगी। इससे अंटार्कटिक की जलवायु इतनी ठंडी हो गई कि उसकी धरती पर एक बार जम जानेवाली बर्फ वर्ष में किसी भी समय नहीं पिघल पाती थी। वह सदा जमी रहने लगी।

इसका एक कारण बर्फ का अत्यंत उच्च एल्बिडो भी था। इस एल्बिडो के फलस्वरूप बर्फ उसपर पड़नेवाली 90 प्रतिशत सौर ऊर्जा को परावर्तित कर देती है। दूसरे शब्दों में, वह बहुत कम ऊर्जा अवशोषित कर पाती है।

इससे नए पौधे उगने बंद हो गए और धीरे-धीरे सब जीव-जंतु मर गए। इस प्रकार अंटार्कटिक की धरती वीरान हो गई; पर हिमपात को नहीं रुकना था, सो नहीं रुका। लाखों वर्षों तक हिमपात होते रहने से स्थिति यह हो गई कि लगभग पूरा महाद्वीप ही (उसका 97.6 प्रतिशत भाग) बर्फ की बहुत मोटी परत से ढक गया।

हिम से बर्फ बनते समय—उसके जमकर कठोर होते समय—उसकी परतों में अकसर हवा के बुलबुले फँस जाते हैं। बाद में ये बुलबुले बाहर नहीं निकल पाते और बहुत लंबे समय तक (हजारों-लाखों वर्षों तक) फँसे रह जाते हैं। इन बुलबुलों का विश्लेषण करके वैज्ञानिक उस समय, जब ये बुलबुले फँसे थे, की हवा की संरचना ज्ञात कर सकते हैं।

अब अंटार्कटिक की धरती पर जमी बर्फ की परत की औसत मोटाई लगभग 2,500 मीटर हो गई है। इस कारण अंटार्कटिक सबसे 'ऊँचा' महाद्वीप बन गया है। सागर तल से उसकी औसत ऊँचाई अन्य महाद्वीपों की तुलना में सबसे अधिक लगभग 2,300 मीटर, है। आयतन की शब्दावली में अंटार्कटिक महाद्वीप पर जमी बर्फ लगभग 2,90,00,000 घन कि.मी. है, पर बर्फ की अत्यंत मोटी चादर के नीचे अंटार्कटिक की धरती की सतह वैसी ही है जैसी अन्य महाद्वीपों की, अर्थात् उसपर भी पर्वत, उच्चसमभूमि, सपाट मैदान तथा खाई और खड्ड हैं। कई खाइयाँ सागर की सतह से भी काफी नीचे तक चली गई हैं। इन खाइयों में बर्फ की मोटाई सबसे अधिक (4,800 मीटर तक) है। आसानी से यह अनुमान लगाया जा सकता है कि इतनी मोटी बर्फ की परत का भार भी बहुत अधिक होगा। भूवैज्ञानिकों का अनुमान है कि उसके भार की वजह से ही अंटार्कटिक महाद्वीप की धरती लगभग 600 मीटर नीचे बैठ गई है।

यद्यपि अब तक अंटार्कटिक की बर्फ का कोई उपयोग नहीं किया जा सका है परंतु अमेरिका के स्क्रिप्स इंस्टीट्यूट ऑफ ओशनोग्राफी के वैज्ञानिकों के अनुसार इस बर्फ की परत के टूटने से बने हिमशैलों, जो अंटार्कटिक महासागर में बड़ी संख्या में तिरते रहते हैं, को जहाजों द्वारा खींचकर गरम मरुस्थलों तक लाना और वहाँ पिघलाकर उनसे ताजा पानी बनाना संभव है। इस प्रकार प्राप्त पानी उस ताजे पानी से काफी सस्ता बैठेगा, जो सागर के खारे पानी को आसवित करके प्राप्त किया जाता है।

अब जरा सोचिए कि अगर किसी अप्रत्याशित प्राकृतिक घटनावश अथवा किसी मानवीय दुष्कर्म के फलस्वरूप अंटार्कटिक पर जमी संपूर्ण बर्फ पिघल

जाए तो क्या होगा? सागर-वैज्ञानिकों ने इस प्रकार की कल्पना की है। उनके अनुसार, ऐसा हो जाने पर पृथ्वी के सब सागरों में जल स्तर 50 मीटर तक ऊपर उठ जाएगा। इससे सागर के तट पर बसे अनेक शहर डूब जाएँगे।

वैसे वैज्ञानिकों ने उक्त गणना करते समय यह भी सोच लिया था कि जिस प्रकार बर्फ की परत पिघल जाने से अंटार्कटिक की भूमि ऊपर उठ जाएगी उसी प्रकार सागरों में पानी की मात्रा बढ़ जाने से उनकी तली भी कुछ हद तक नीचे बैठ जाएगी।

विचित्र प्रतीत होते हुए भी यह सत्य है, यदि अंटार्कटिक की बर्फ की परत पूरी तरह से पिघल जाए और उसके बावजूद उसके थल का, विशेष रूप से पश्चिमी अंटार्कटिक का, स्तर ऊपर न उठे, तब वह द्वीपों की श्रृंखला मात्र रह जाएगा।

समझा जाता है कि प्लिस्टोसिन युग में बर्फ की परत का विस्तार अधिकतम था। फिर वह कम होने लगा और आज भी कम होता जा रहा है। विभिन्न कारणों से भविष्य में पृथ्वी की जलवायु के अधिक गरम होते जाने के फलस्वरूप वह और भी कम हो जाएगा। हो सकता है कि उस समय तक अंटार्कटिक की धरती पर जमी बर्फ की परत का भी काफी भाग पिघल जाए। तब बर्फ शेल्फ और पश्चिमी अंटार्कटिक में स्थित बर्फ भी पिघल जाए।

धरती पर जमी और तटों पर लटकनेवाली बर्फ की बहुत मोटी चादर के पिघल जाने से अंटार्कटिक महाद्वीप का विस्तार भी कम हो जाएगा। वह घटकर वास्तव में पृथ्वी का सातवें नंबर का (सबसे छोटा) महाद्वीप बन जाएगा।

हिमनदियाँ : अंटार्कटिक की धरती पर जमी बर्फ की परत बहुत मोटी है, पर स्थिर नहीं। वह हमेशा सरकती रहती है। भौतिकी के एक प्रसिद्ध सिद्धांत 'दाब के फलस्वरूप बर्फ पिघल जाती है' के अनुसार, ऊपर की बहुत मोटी परतों के वजन के कारण नीचे की परतों की बर्फ पिघलने लगती है। इस प्रकार बना पानी ऊपर की परतों को सरकने में चिकने (लुब्रीकेटिंग) तरल का काम करता है। इससे बड़ी-बड़ी हिमनदियाँ बन जाती हैं। इन हिमनदियों के सरकने की गति बहुत धीमी होती है। अंटार्कटिक के तटों के निकट वे एक वर्ष में औसतन 200 मीटर की दूरी तय कर लेती हैं, पर घाटियों में उनके सरकने की गति इससे बहुत अधिक हो सकती है।

सरक-सरककर हिमनदियाँ अंटार्कटिक के तटों तक पहुँच जाती हैं और अंत में बहुत बड़े-बड़े टुकड़ों में टूटकर अंटार्कटिक महाद्वीप को घेरे हुए सागर में

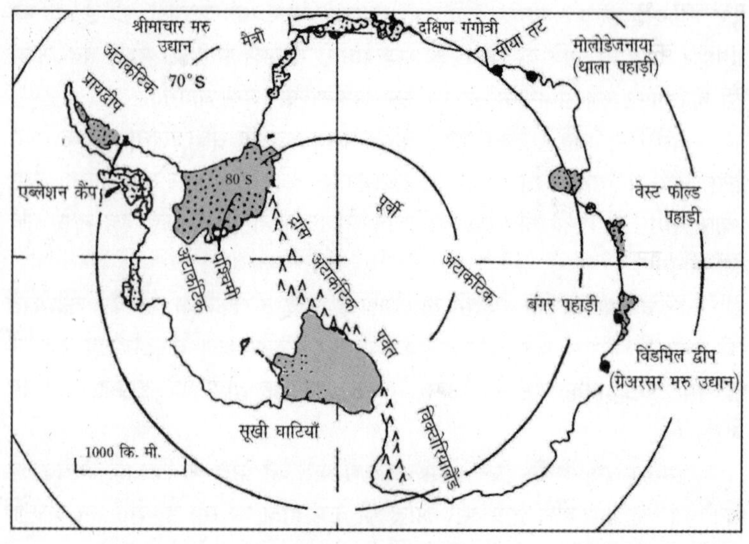

अंटार्कटिक की भौतिक संरचना

गिर जाती हैं। ये टुकड़े अनेक बार 13,000 वर्ग कि.मी. जैसे विशाल भी होते हैं। ये ही सागर पर हिमखंडों के रूप में तिरते हुए अपेक्षाकृत कोष्ण सागरों की ओर जाते रहते हैं।

दक्षिण ध्रुव क्षेत्र में हिमनदियाँ अब से लगभग तीन करोड़ वर्ष पूर्व ही बनने लगी थीं। हिम युग के दौरान वे पृथ्वी के अन्य भागों में भी जा पहुँची थीं। यद्यपि अंतिम हिम युग अब से लगभग 10,000 वर्ष पहले ही समाप्त हो गया था, परंतु ध्रुव प्रदेशों में हिमनदियाँ आज भी स्थित हैं। अंटार्कटिक महाद्वीप में अनेक बड़ी-बड़ी हिमनदियाँ हैं, यथा—बियर्डमोर, लैंबर्ट, रेन्निक, सपोर्ट फोर्स आदि।

अंटार्कटिक के अनेक क्षेत्रों में बर्फ की परत में चौड़ी-चौड़ी (तीस मीटर तक चौड़ी) दरारें भी पड़ गई हैं।

एक आम व्यक्ति के मन में सहज ही यह आशंका उठती है कि अंटार्कटिक की धरती की बर्फ की इतनी मोटी परत के नीचे ढके रहने के बाद भी वैज्ञानिकों ने यह अनुमान कैसे लगा लिया कि वह एक थल-खंड है, सागर नहीं।

अनेक स्थलों पर बार-बार परीक्षण करने से वैज्ञानिकों को यह बात भली-भाँति ज्ञात हो गई है कि महाद्वीपों के नीचे भूपर्पटी की मोटाई 25 कि.मी. से भी अधिक है और सागरों के नीचे 5 कि.मी. जैसी कम। अंटार्कटिक में किए गए

गुरुत्वीय, भूकंपीय तथा अन्य परीक्षणों से ज्ञात हुआ है कि इसके पूर्वी भाग में भूपर्पटी की मोटाई लगभग 35 कि.मी. है, जबकि पश्चिमी भाग में वह 25 से 30 कि.मी. मोटी है।

इससे भूवैज्ञानिक इस निष्कर्ष पर पहुँचे हैं कि अंटार्कटिक का पूर्वी भाग एक बड़ा थल-खंड है, जबकि पश्चिमी भाग छोटे-छोटे द्वीपों से बना हुआ है।

इसी बर्फ की चादर में वैज्ञानिकों को 7,000 से भी अधिक उल्का पिंड मिले हैं। इनमें से कुछ पिंड अत्यंत दुर्लभ और विशिष्ट किस्म के हैं। वे जहाँ एक ओर क्षुद्र ग्रहों आदि उन खगोलीय स्रोतों की, जिनसे वे टूटकर आए थे, कहानी बताते हैं वहाँ दूसरी ओर बर्फ की चादर के उद्‌गम को भी उजागर करते हैं।

थल क्षेत्र

अंटार्कटिक महाद्वीप के दाएँ और बाएँ बाजुओं में स्थित खाड़ियाँ—रॉस सागर और वेडल सागर—को जोड़नेवाली काल्पनिक रेखा अंटार्कटिक को दो भागों (पूर्वी और पश्चिमी) में बाँटती है। इस रेखा के लगभग साथ-साथ एक पर्वत श्रृंखला भी, एक तट से दूसरे तट तक, स्थित है। यह पूरे अंटार्कटिक को पार करती है। इसलिए इसे 'ट्रांसअंटार्कटिक पर्वत श्रृंखला' या 'अंटार्कटिक होर्स्ट' कहते हैं। भूवैज्ञानिकों के अनुसार, यह एंडीज पर्वतमाला का प्रसार है। यह पर्वत-श्रृंखला लगभग 3,200 कि.मी. लंबी है। अनेक छोटे-बड़े पर्वत, यथा—विक्टोरिया लैंड रेंज, एडमिरैलिटी रेंज, प्रिंस अल्बर्ट पर्वत, क्वीन एलेक्जेंड्रा रेंज, क्वीन मॉड रेंज, पेसाकोला पर्वत आदि इसके ही भाग हैं। उन अंशों के अतिरिक्त जो तटों के निकट स्थित हैं, यह पूरी पर्वत-श्रृंखला बर्फ की मोटी परत से ढकी हुई है। सागर तल से इस श्रृंखला की ऊँचाई 4,100 मीटर तक पहुँच जाती है।

ट्रांसअंटार्कटिक पर्वत-श्रृंखला में काफी ऊँची-ऊँची चोटियाँ भी हैं, जिनमें से कुछ 4,300 मीटर ऊँची हैं। इसकी सबसे ऊँची चोटी है विनसन मासिफ, जिसकी सागर तल से ऊँचाई 5,140 मीटर है।

इसी पर्वत-श्रृंखला में कुछ क्षेत्र ऐसे भी हैं, जो सदा बर्फ से मुक्त रहते हैं। ये चट्टानी खाड़ियाँ हैं, जिनका निर्माण हिमनदियों ने किया था। किसी काल में ये हिमनदियाँ इन घाटियों में से बहती थीं, परंतु बाद में पीछे सरकती गईं। इससे ये चोटियाँ बर्फमुक्त हो गईं। अब इनमें हिमपात के रूप में गिरनेवाली हिम को अत्यंत वेग से बहनेवाली वायु जमीन पर जमने नहीं देती। भूवैज्ञानिक इन घाटियों को 'शुष्क घाटी' (ड्राई वैली) कहते हैं। ऐसी शुष्क घाटियाँ विक्टोरिया लैंड और

अंटार्कटिक महाद्वीप का सक्रिय ज्वालामुखी; माउंट इरेबस : 3790 मीटर ऊँचे इस ज्वालामुखी की तली में अब भी लावा उबलता रहता है। समय-समय पर इसके मुख में से बहुत वेग के साथ गरम गैसें, भाप और चट्टानें निकलती रहती हैं।

मैक मर्डो साउंड क्षेत्रों में अधिक संख्या में स्थित हैं।

इस प्रकार की कुछ घाटियों में ताजे पानी की झीलें भी मौजूद हैं।

अंटार्कटिक में केवल एक ही नदी है—'ओबिक्स'। उसकी लंबाई मात्र 25 कि.मी. है और वह केवल गरमी में ही बहती है, ठंड में जम जाती है।

पूर्वी अंटार्कटिक : अंध और हिंद महासागरों की ओर स्थित यह भाग आधे से अधिक महाद्वीप को घेरे हुए है। यह भाग मुख्य रूप से अत्यंत प्राचीन चट्टानों से बना है। वे कैंब्रीअन-पूर्व (प्रिकैंब्रीअन) युग की हैं और उनकी आयु लगभग 57 करोड़ वर्ष मानी जाती है।

पूर्वी अंटार्कटिक के तट पर पर्वत हैं, घाटियाँ हैं और हिमनदियाँ हैं। एक लंबी और गहरी दरार, जो हिंद महासागर से लेकर प्रिंस चार्ल्स पर्वत तक फैली हुई है, तट को काटती है। वास्तव में यह एक रिफ्ट घाटी है।

इस क्षेत्र का मध्य भाग एक पठार है जो समुद्र की सतह से लगभग 3,000 मीटर ऊँचा है। इस पठार पर वायु बहुत वेग से बहती है और अपने साथ बर्फ को भी उड़ा ले जाती है। बाद में यह बर्फ उसी प्रकार के टीलों में जमा हो जाती है जैसे गरम रेगिस्तान में रेत जमा हो जाता है। अनेक बार ये टीले 2 मीटर तक ऊँचे हो जाते हैं। वैज्ञानिकों ने इन टीलों को 'सस्त्रूगी' नाम दिया है।

इसी पठार पर भौगोलिक दक्षिण ध्रुव स्थित है, जो पृथ्वी का दक्षिणतम भाग है और जहाँ सब देशांतर मिलते हैं। दक्षिण ध्रुव पर बर्फ की परत की मोटाई लगभग 2,750 मीटर है। आजकल दक्षिण ध्रुव पर ही संयुक्त राज्य अमेरिका ने एमंडसन-स्कॉट अध्ययन केंद्र स्थापित किया है। उसकी विशेष स्थिति के फलस्वरूप वहाँ अनेक वैज्ञानिक प्रयोग किए जाते हैं।

पूर्वी अंटार्कटिक के तट के निकट दक्षिण चुंबकीय ध्रुव भी स्थित था। भौगोलिक ध्रुव की तुलना में यह ध्रुव बहुत तेजी से और बहुत अधिक परिमाण में अपनी स्थिति बदलता रहता है। यह एक वर्ष में 8 से 16 कि.मी. तक सरक जाता है। सन् 1980 के दशक में यह विल्कीस लैंड में स्थित था, पर आजकल पूर्वी अंटार्कटिक से बाहर, उसके दक्षिण-पूर्वी तट के निकट, हिंद महासागर में, स्थित है।

पश्चिमी अंटार्कटिक : अंटार्कटिक महाद्वीप का यह भाग प्रशांत महासागर की ओर स्थित है। यह पूर्वी भाग की तुलना में काफी छोटा है। साथ ही पूर्वी भाग के विपरीत इस भाग की चट्टानें प्राचीन नहीं हैं। लगभग पूरी तरह पश्चिमी गोलार्द्ध में स्थित इस भाग का विकास 'रिंग ऑफ फायर' के एक अंश के रूप में हुआ था। रिंग ऑफ फायर प्रशांत महासागर के पूर्वी और पश्चिमी तटों पर स्थित द्वीपों की एक शृंखला है, जिनपर अत्यंत सक्रिय ज्वालामुखी स्थित हैं। वहाँ भूकंप भी आते रहते हैं।

पश्चिमी अंटार्कटिक का अधिकांश क्षेत्र सागर तल से नीचा है। वैसे इसपर बर्फ की बहुत मोटी परत जमी हुई है। भूवैज्ञानिकों का अनुमान है कि यदि यह परत पिघल जाए, तब यह भाग द्वीपों की एक शृंखला मात्र रह जाएगा।

इसी भाग का एक अंश है अंटार्कटिक प्राय:द्वीप। जैसा आप ऊपर पढ़ चुके हैं, अंग्रेजी के 'एस' अक्षर जैसी आकृति का यह प्राय:द्वीप अंटार्कटिक महासागर में दक्षिण अमेरिका की ओर उभरा हुआ है। किसी भी अन्य महाद्वीप के सबसे

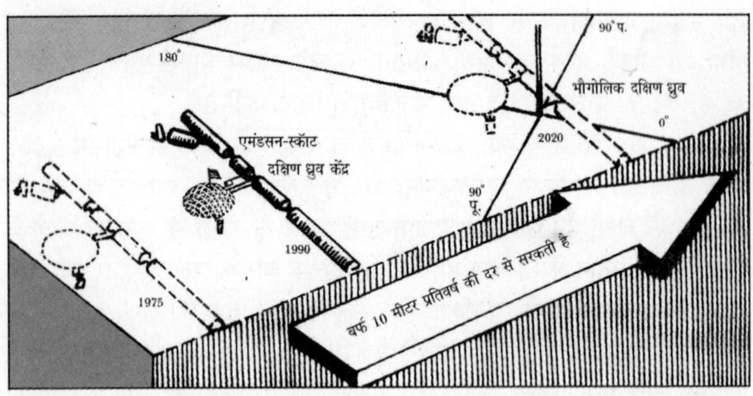

भौगोलिक दक्षिण ध्रुव अपनी स्थिति, लगभग 10 मीटर प्रति वर्ष की दर से, बदलता रहता है।

निकट स्थित होने के कारण आरंभ में अंटार्कटिक की खोज करनेवाले व्यक्ति इसी प्राय:द्वीप पर उतरते थे।

यह प्राय:द्वीप पहाड़ी क्षेत्र है। वास्तव में यह दक्षिण अमेरिका की एंडीज पर्वत श्रेणी का प्रसार है। इसके इर्द-गिर्द अनेक छोटे-बड़े द्वीप स्थित हैं। इनमें से पश्चिम की ओर स्थित द्वीप हैं साउथ शेटलैंड द्वीप समूह। इस समूह के डिसेप्शन द्वीप पर भी एक सक्रिय ज्वालामुखी स्थित है।

वैसे पश्चिमी अंटार्कटिक में अन्य अनेक पर्वत और ज्वालामुखी स्थित हैं। यही स्थित है अंटार्कटिक महाद्वीप की सबसे ऊँची चोटी विनसन मासिफ (ऊँचाई 5,140 मीटर)। यह अंटार्कटिक प्राय:द्वीप के निकट एल्सवर्थ पर्वत की चोटी है।

ट्रांसअंटार्कटिक पर्वत-शृंखला को रॉस द्वीप से अलग करनेवाली एक रिफ्ट घाटी है। रॉस द्वीप पर ही अंटार्कटिक महाद्वीप का सबसे अधिक सक्रिय ज्वालामुखी माउंट इरेबस स्थित है। लगभग 3,800 मीटर ऊँचे इस ज्वालामुखी में से हाइड्रोजन सल्फाइड, हाइड्रोक्लोरिक एसिड, सल्फर डाइऑक्साइड आदि गैसें निरंतर निकलती रहती हैं। 'नॉसिआ नोब' नाम से प्रसिद्ध इस ज्वालामुखी की तली में अब भी लावा उबलता रहता है। कभी-कभी इसमें से चट्टानें भी बड़े वेग से निकलती रहती हैं।

वोस्तोक झील

अंटार्कटिक की धरती पर एक विशाल झील भी स्थित है। अगम्यता ध्रुव क्षेत्र में, रूसी वोस्तोक केंद्र में स्थित यह झील 'वोस्तोक झील' के नाम से प्रसिद्ध है। यह झील एक अजूबा है, क्योंकि यह धरती की सतह पर स्थित नहीं है। यह

अंटार्कटिक की बर्फ की चादर के 3 कि.मी. नीचे स्थित है। सबसे पहले सन् 1970 में इसकी खोज हुई थी।

रूस का वोस्तोक केंद्र अंटार्कटिक महाद्वीप के सबसे ठंडे और निर्जन इलाके में स्थित है। वहाँ ही –89.4° सै. जैसा निम्न ताप रिकॉर्ड किया गया था।

लगभग 250 कि.मी. लंबी, 50 कि.मी. चौड़ी और 10 से 500 मीटर गहरी यह झील ताजे पानी का बहुत बड़ा भंडार है। भूवैज्ञानिकों के अनुसार, इसका निर्माण लगभग 3.5 करोड़ वर्ष पूर्व हुआ था। यह पृथ्वी की उन बहुत थोड़ी संरचनाओं में से एक है जिनके साथ मनुष्य अब तक कोई 'छेड़छाड़' नहीं कर पाया है। वैज्ञानिकों का यह अनुमान है कि इसमें कुछ ऐसी प्रजाति के जीव भी मौजूद हो सकते हैं जिनके बारे में हमें अब तक कोई जानकारी नहीं है।

रूस के वैज्ञानिकों ने इस झील की सतह तक पहुँचने के लिए बर्फ की चादर में छेद भी किए थे। यह छेद झील की सतह से केवल 100 मीटर ऊपर तक पहुँच गया था। परंतु संसार के विभिन्न देशों के वैज्ञानिकों ने इस छिद्र को और गहरा न करने के लिए रूस पर बहुत दबाव डाला; क्योंकि वर्तमान में ऐसी प्रौद्योगिकी, जो झील के प्राकृतिक पर्यावरण को पूर्णतः अक्षुण्ण बनाए रखे, उपलब्ध नहीं है। इससे छेद के झील की सतह तक पहुँच जाने पर उसके प्रदूषित हो जाने और उसमें उपस्थित जीव प्रजातियों, विशेष रूप से सूक्ष्मजीव प्रजातियों, के (कु) प्रभावित हो जाने की पूर्ण आशंका है।

खनिज

अंटार्कटिक महाद्वीप में कोयला सबसे पहले सन् 1907–09 के ब्रिटिश अभियान के दौरान निकाला गया था, पर उसके लिए कोई खान नहीं खोदी गई। यद्यपि ट्रांसअंटार्कटिक पर्वत-शृंखला में कोयले के बड़े भंडारों का पता चला है, पर अब तक कोयला प्राप्त करने हेतु अंटार्कटिक के किसी भाग में खानें नहीं खोदी गई हैं।

सुदूर अतीत में अंटार्कटिक महाद्वीप के गोंडवानालैंड का एक भाग होने के नाते तथा उसकी भूवैज्ञानिक संरचना के अफ्रीका, दक्षिण अमेरिका और ऑस्ट्रेलिया के सदृश होने के आधार पर वैज्ञानिकों ने यह अनुमान लगाया है कि अंटार्कटिक में नौ सौ से भी अधिक विभिन्न खनिजों के बड़े-बड़े भंडार उपस्थित होने चाहिए। पर इनमें से बहुत कम के अंटार्कटिक के बर्फमुक्त क्षेत्र में स्थित होने की आशा है। ये भंडार लौह अयस्क और कोयला के अतिरिक्त निकिल, ताँबा, प्लेटिनम,

क्रोमियम, सोना, चाँदी, यूरेनियम आदि के अयस्कों के भी हो सकते हैं।

जहाँ तक पेट्रोलियम और प्राकृतिक गैस का संबंध है, यह अनुमान लगाया गया है कि वेडल, रॉस और बेलीगंशॉसेन सागरों के तट पर उनके बड़े भंडारों के पाए जाने की पूर्ण संभावना है। कोर सैंपलिंग के दौरान रॉस सागर में मिली मीथेन और ईथेन ने इस संभावना की पुष्टि की है।

समझा जाता है कि अंटार्कटिक महासागर की तली पर भी बहुधात्विक पिंडिकाएँ बिखरी पड़ी हैं।

अंटार्कटिक महाद्वीप के संभावित खनिज भंडारों के बारे में यह उल्लेख करना अतिशयोक्ति नहीं होगी कि उसपर जमी बर्फ की बहुत मोटी चादर, अत्यंत निर्मम और ठंडी जलवायु तथा एकदम निर्जन क्षेत्र होने के कारण वहाँ खनिजों की उपस्थिति के बारे में सही ढंग से सर्वेक्षण भी नहीं किया जा सकता, खान खोदकर उन्हें निकालना तो अत्यंत दुष्कर कार्य है।

□

4

सबसे अधिक गरमी मिले, फिर भी सबसे ठंडा

भूगोल का सामान्य विद्यार्थी भी यह जानता है कि जो स्थान भूमध्यरेखा से जितनी दूर स्थित होता है वह सामान्यत: उतना ही अधिक ठंडा होता है। अंटार्कटिक महाद्वीप की जलवायु के इतनी अधिक ठंडी होने का यह एक प्रमुख कारण है, क्योंकि लगभग संपूर्ण अंटार्कटिक 60° दक्षिण अक्षांश के दक्षिण में स्थित है।

भूमध्यरेखा के निकट सौर किरणें लगभग वर्ष भर सीधी (लंबवत्) पड़ती रहती हैं; पर जैसे-जैसे हम भूमध्यरेखा से उत्तर या दक्षिण की ओर जाते हैं, सौर किरणों का तिरछापन बढ़ता जाता है। लंबवत् किरणें अधिक मात्रा में ऊर्जा प्रदान करती हैं। उनके तिरछेपन के बढ़ने के साथ उनकी ऊर्जा की मात्रा कम होती जाती है। इसीलिए भूमध्यरैखिक क्षेत्र की तुलना में ध्रुवीय क्षेत्रों को वर्ष भर में केवल 2/5 भाग ऊर्जा ही मिल पाती है।

अंटार्कटिक महाद्वीप की जलवायु की चर्चा करते समय हमें एक और तथ्य पर भी ध्यान देना चाहिए। एक बड़ी जलराशि (अंटार्कटिक महासागर) उसे चारों ओर से घेरे हुए है। इस जलराशि के प्रभाव भी अंटार्कटिक महाद्वीप की जलवायु पर पड़ते हैं। इससे आनेवाली ऊष्मा और जलवाष्प अंटार्कटिक के ताप को उतनी तेजी और उस निम्न स्तर तक गिरने नहीं देती जितनी तेजी से और जिस निम्न स्तर तक वह इस महासागर की अनुपस्थिति में गिर जाता। सागर के प्रभाव अंटार्कटिक के तटीय प्रदेशों में तो पड़ते ही हैं, उसके अंदरूनी भाग भी उनसे अछूते नहीं रह पाते। अंटार्कटिक महासागर से आनेवाली समुद्री पवन तटीय इलाकों में भारी हिमपात भी करती हैं।

सागर की निकटता के बावजूद भूमध्यरेखा से अत्यंत दूर स्थित होने के

अंटार्कटिक महाद्वीप में कुछ क्षेत्र ऐसे भी हैं जो बर्फ से मुक्त रहते हैं। यद्यपि पहले वैज्ञानिक इन क्षेत्रों को 'बंजर' समझते थे, परंतु बाद में वे 'अंटार्कटिक के मरुउद्यान' कहलाने लगे।

कारण अंटार्कटिक एक अत्यंत ठंडा—संसार का सबसे ठंडा—प्रदेश बन गया है। शीत ऋतु में—दक्षिणी गोलार्द्ध में स्थित होने के कारण वहाँ शीत ऋतु मार्च से अगस्त तक होती है—वहाँ की जलवायु अत्यंत ठंडी हो जाती है और ग्रीष्म ऋतु में (सितंबर से फरवरी तक) कम ठंडी। वहाँ के आंतरिक भागों में ताप –70° सै. तक गिर जाता है और गरमी में भी –15° सै. से नीचा ही रहता है। शीत ऋतु में वहाँ धूप बिलकुल नहीं निकलती। उस समय, विशेष रूप से मई से अगस्त तक, वहाँ अँधेरा छाया रहता है।

अंटार्कटिक महाद्वीप में ही संसार का सबसे निम्न ताप हिमांक से 89.6° से. नीचे (–89.6° सै.) मापा गया था। यह ताप अंटार्कटिक महाद्वीप पर स्थित न्यूजीलैंड के केंद्र (वांडा कैंप) में सन् 1988 में मापा गया था। उससे पहले 21 जुलाई, 1983 को रूसी केंद्र वास्तोक (78.45° दक्षिण अक्षांश और 106.8° पूर्व देशांतर; ऊँचाई 3,488 मीटर) में ताप –89.4° से. तक गिर गया था।

अंटार्कटिक महाद्वीप के तटीय प्रदेशों की तुलना में उसके आंतरिक भाग अधिक ठंडे रहते हैं। तटीय प्रदेशों में सागर की निकटता के कारण जलवायु अत्यंत विषम नहीं हो पाती, पर महाद्वीप के आंतरिक भाग एकदम 'शुष्क शीत

मरुस्थल' बन गए हैं। वहाँ सर्दी और गरमी के तापों में बहुत अंतर होता है। सर्दी में ताप –60° सै. से भी नीचे गिर जाता है, जबकि गरमी की ॠतु में वह –30° सै. तक आ जाता है। साथ ही वर्षा भी औसतन 5 से.मी. प्रतिवर्ष से कम होती है। इसके विपरीत तटीय प्रदेशों में वर्षा भी अधिक (औसतन 60 से.मी. प्रतिवर्ष) तक हो जाती है। दक्षिण ध्रुव पर ताप कभी भी –15° सै. से ऊपर नहीं जाता और पूर्वी अंटार्कटिक के उच्च बर्फीले शिखरों पर –20° सै. से ऊपर। दक्षिण ध्रुव के ताप के इतने निम्न रहने का एक और कारण है सागर तल से उसकी ऊँचाई (2,765 मीटर)।

यद्यपि उत्तर ध्रुव भी भूमध्यरेखा से उतनी ही दूरी पर स्थित है जितनी पर दक्षिण ध्रुव और वह भी सदा जमी रहनेवाली बर्फ पर स्थित है परंतु वहाँ गरमी की ॠतु में ताप +1° सै. तक ऊँचा हो जाता है।

अंटार्कटिक प्राय:द्वीप में भी गरमियों में ताप अपेक्षाकृत 'काफी अधिक' (0° सै. से ऊपर) हो जाता है। इसीलिए कुछ लोग इसे 'केलेवाली पट्टी' (बनाना बेल्ट) भी कहते हैं।

विचित्र प्रतीत होते हुए भी यह सत्य है कि अंटार्कटिक महाद्वीप में ही तट के निकट स्थित बर्फ से मुक्त क्षेत्र 'बंगर मरुउद्यान' (बंगर ओएसिस) में गरमी के दिनों में ताप +20° सै. तक पहुँच जाता है। ऐसे ही कुछ मरुउद्यानों में, उदाहरणार्थ मैक मर्डो साउंड के निकट स्थित शुष्क घाटियों में, खारे और ताजे जल की झीलें भी मौजूद हैं।

भूमध्यरेखा से दूरी बढ़ने के साथ-साथ दिन और रात की लंबाई भी बढ़ने लगती है। भूमध्यरेखा के निकट के क्षेत्रों में वर्ष भर दिन और रात लगभग बारह-बारह घंटे के होते हैं, पर जैसे-जैसे हम भूमध्यरेखा से दूर जाते हैं वैसे-वैसे गरमियों में दिन लंबे होते जाते हैं और रात छोटी। इसके विपरीत शीत ॠतु में रातों की लंबाई बढ़ जाती है और दिन की लंबाई कम हो जाती है। इसी क्रम में ध्रुव प्रदेशों तक पहुँचते-पहुँचते गरमी में दिन की रोशनी लगभग लगातार छह महीनों तक रहती है और शीत ॠतु में लगभग छह महीनों तक अँधेरा छाया रहता है। इन छह महीनों में एक-एक महीने के उषा और संध्या काल भी शामिल होते हैं; पर वर्ष में लगातार चार महीनों तक या तो दिन की रोशनी रहती है अथवा रात का अँधेरा।

उक्त तथ्य को हम इस प्रकार भी कह सकते हैं कि ध्रुव प्रदेशों को लगभग छह महीनों तक लगातार सौर ऊर्जा मिलती रहती है। इसके विपरीत भूमध्यरेखा के आस-पास के क्षेत्रों को लगातार लगभग बारह घंटों तक ही सौर ऊर्जा मिल पाती है।

सबसे अधिक सौर ऊर्जा मिले

यदि दक्षिण ध्रुव के आकाश में बादल या धुंध वगैरह कुछ नहीं छाई हुई हो, तब ग्रीष्म ऋतु में वहाँ के प्रति 1 वर्ग से.मी. क्षैतिज क्षेत्र को बहुत अधिक सौर ऊर्जा प्राप्त होती है। दिसंबर के अयनांत (सोल्सटिस) में जब सूर्य की किरणें मकर रेखा (23° 30' दक्षिण अक्षांश) पर सीधी पड़ रही होती हैं, तब दक्षिणी गोलार्द्ध में सबसे अधिक गरमी पड़ती है। उस समय वहाँ प्रति वर्ग से.मी. क्षेत्र को लगभग 1,150 गीगा कैलोरी ऊर्जा प्रतिदिन प्राप्त होती है। तब दक्षिण ध्रुव पर चौबीस घंटे धूप रहती है। इसके विपरीत भूमध्यरैखिक क्षेत्र में वर्ष भर 790 से 900 गीगा कैलोरी प्रति वर्ग से.मी. प्रतिदिन तक ही ऊर्जा प्राप्त होती है। उत्तर ध्रुव क्षेत्र को गरमी के दौरान 1,080 गीगा कैलोरी प्रति वर्ग से.मी. प्रतिदिन ऊर्जा ही प्राप्त होती है।

इस प्रकार हम एक अत्यंत विचित्र निष्कर्ष पर पहुँचते हैं। अंटार्कटिक महाद्वीप को, विशेष रूप से दक्षिण ध्रुवीय प्रदेश को, गरमी की ऋतु में जितनी सौर ऊर्जा प्राप्त होती है उतनी पृथ्वी के किसी भी क्षेत्र को, वर्ष के किसी भी समय, प्राप्त नहीं होती।

इसके बावजूद अंटार्कटिक महाद्वीप विश्व का सबसे ठंडा प्रदेश है। इसका कारण है अंटार्कटिक की बर्फ का एल्बिडो। बर्फ पर जितनी सौर विकिरणें पड़ती हैं (आपतित होती हैं), उनका 90 प्रतिशत भाग परावर्तित हो जाता है। बर्फ केवल 10 प्रतिशत ऊष्मा ही अवशोषित करती है। इस कारण बर्फ का ताप बढ़ नहीं पाता।

इसकी तुलना में आर्कटिक प्रदेश की बर्फ सौर विकिरणों की 65 प्रतिशत मात्रा को ही परावर्तित करती है। वह उसपर पड़नेवाली सौर ऊर्जा का लगभग 35 प्रतिशत भाग अवशोषित कर लेती है। इसीलिए आर्कटिक का ताप अंटार्कटिक से अधिक ऊँचा हो जाता है। अत: आर्कटिक प्रदेश में अंटार्कटिक महाद्वीप की अपेक्षा बर्फ अधिक मात्रा में पिघलती है।

यहाँ यह उल्लेख करना असंगत नहीं होगा कि काली मिट्टी, घास, घने जंगल या मरुस्थल का रेत उसपर पड़नेवाली सौर ऊर्जा का लगभग 90 प्रतिशत भाग तक अवशोषित कर लेता है। ये पदार्थ केवल 10 प्रतिशत सौर ऊर्जा को ही परावर्तित करते हैं।

हम जानते हैं कि सूर्य से आनेवाली विकिरणें (ऊर्जा) वायुमंडल में से गुजरते समय वायु को गरम नहीं करतीं। वे धरती तक सीधी आ पहुँचती हैं (उनका केवल 51 प्रतिशत भाग ही धरती तक पहुँच पाता है, उनका लगभग

आधा बादलों, कार्बन डाइऑक्साइड आदि द्वारा वापस अंतरिक्ष की ओर परावर्तित कर दिया जाता है या अवशोषित कर लिया जाता है)। धरती की सतह पर पड़नेवाली विकिरणों से ही थल और सागर गरम होते हैं। जब वायु गरम थल या सागर के संपर्क में आती है तब वह भी गरम होती है।

अंटार्कटिक में वायु गरम धरती की बजाय अत्यंत ठंडी बर्फ के संपर्क में आती है। इसलिए उसका ताप और गिर जाता है। वह और ठंडी हो जाती है। अंटार्कटिक की अत्यधिक ठंडी जलवायु का एक प्रमुख कारण यह भी है।

पृथ्वी के अन्य भागों की भाँति जिस समय अंटार्कटिक का आकाश निर्मल होता है—उसपर बादल नहीं छाए होते और पवन धीमी गति से बह रही होती है—उस समय धरती से अंतरिक्ष की ओर परावर्तित होनेवाली ऊर्जा की मात्रा अधिकतम हो जाती है, जिसके परिणामस्वरूप धरती की सतह का ताप गिर जाता है। पर जैसे ही आकाश में बादल छा जाते हैं वैसे ही धरती से अंतरिक्ष की ओर परावर्तित होनेवाली विकिरणों की काफी मात्रा बादलों द्वारा पुनः परावर्तित होकर धरती पर वापस आ जाती है।

आँधियाँ

अंटार्कटिक महाद्वीप को 'प्रचंड आँधियों का प्रदेश' भी कहा जाता है। वहाँ संसार में सबसे तेज वायु बहती है।

चक्रवात के दौरान जब हमारे क्षेत्र में पवन की गति 110 कि.मी. से ऊपर हो जाती है तब चारों ओर तबाही मच जाती है। मकानों के दरवाजे और खिड़कियाँ

सैस्त्रुगी, एडमिरेलिटी बे, किंग जॉर्ज द्वीप

हिलने लगती हैं, छतों पर लगी टिन की चादरें उखड़कर उड़ने लगती हैं, बड़े-बड़े पेड़ जड़ से उखड़ने लगते हैं और बिजली के खंभे झुक जाते हैं। तब हमें पक्के मकानों के भीतर भी अपनी रक्षा करना मुश्किल लगने लगता है।

अब जरा सोचिए, अगर आपके इलाके में हमेशा ही इससे कहीं अधिक गति से, लगभग 200 कि.मी. प्रति घंटे की गति से, आँधी चलती रहे तब आप क्या करेंगे? अंटार्कटिक महाद्वीप के अधिकतर क्षेत्रों में इतनी ही गति से वायु बहती रहती है। इसलिए वहाँ प्रयोग और अध्ययन करनेवाले वैज्ञानिकों को बहुत कठिनाई का सामना करना पड़ता है।

वैज्ञानिकों के अनुसार ऊपरी वायुमंडल में वायु उष्णकटिबंध से अंटार्कटिक की ओर बहती है। जब वह अंटार्कटिक पहुँचती है तो उसका जलवाष्प एकदम समाप्त हो जाता है। साथ ही उसका ताप बहुत गिर जाता है। वह ध्रुवीय पठार पर उतरती है। वहाँ से वह तटों की ओर बहती है।

अंटार्कटिक महाद्वीप को निम्न वायु दाबवाला एक क्षेत्र सदैव घेरे रहता है। इसी कारण महाद्वीप के आंतरिक भागों से तटों की ओर—अधिक दबाववाले क्षेत्र से कम दबाववाले क्षेत्र की ओर—हमेशा ही वेगवान् आँधियाँ बहती रहती हैं। 60° दक्षिण अक्षांश से उत्तर में ये पश्चिम से पूर्व की ओर बहती हैं, पर 60° दक्षिण अक्षांश और महाद्वीप के बीच पूर्व से पश्चिम की ओर।

जब पवन अंटार्कटिक के मध्य पठारी भाग से तटों की ओर बहना शुरू करती है तब उसकी गति 70 कि.मी. प्रति घंटे से भी कम होती है। रास्ते में उसे कोई पेड़, कोई इमारत तथा अन्य कोई रुकावट नहीं मिलती। इसलिए उसकी गति में बाधा नहीं आती। फलतः वह बढ़ती ही जाती है और तटों के निकट पहुँचते-पहुँचते वह 200 कि.मी. प्रति घंटे जैसी प्रचंड हो जाती है।

शुक्र कीजिए, वहाँ कोई स्थायी आबादी नहीं है। अध्ययन केंद्रों के निवास हेतु ही कुछ अस्थायी इमारतें बनाई गई हैं। इतनी अधिक गति से बहनेवाली वायु बहुत अधिक शोर भी करती है, जिसकी वजह से वहाँ कुछ भी सुनाई नहीं देता और लोगों को अपने पास खड़े व्यक्ति से भी बात करना मुश्किल हो जाता है।

अत्यंत तेजी से बहती हुई आँधी जब धरती पर जमी बर्फ के संपर्क में आती है, तब वह अत्यंत ठंडी हो जाती है। उसका ताप गिरकर हिमांक से कहीं नीचा (-73° से. तक नीचा) हो जाता है। यह अत्यंत ठंडी वायु आदमी की हड्डियाँ तक जमा देती है।

धरती की सतह पर से बहती तेज आँधी अपने साथ सतह पर जमी बर्फ

को भी उड़ाती रहती है। इसलिए वह देखने की क्षमता (दृश्यता) को भी बहुत कम (एक मीटर से भी कम) कर देती है। इस प्रकार अंटार्कटिक महाद्वीप पर निरंतर बहनेवाली प्रचंड आँधियाँ न तो कुछ सुनने देती हैं और न कहने तथा कुछ हद तक न कुछ देखने। एडमिरल बर्ड के शब्दों में, 'वे मनुष्य को इतना अकेला और निस्सहाय बना देती हैं, जितना संसार की कोई अन्य वस्तु नहीं बना सकती।'

सन् 1984 में रूसी केंद्र 'रूसकाया' में आँधी का वेग 215.65 कि.मी. प्रति घंटा तक मापा गया था।

□

5

तिरते हिमखंडों का सागर

एक जलराशि अंटार्कटिक महाद्वीप को चारों ओर से छल्ले की भाँति घेरे हुए है। इस जलराशि, जो वास्तव में विश्वसागर का एक अभिन्न अंग है, को 'दक्षिणी सागर', 'दक्षिणी महासागर', 'अंटार्कटिक महासागर' या 'दक्षिण ध्रुवीय सागर' कहते हैं; परंतु इसका 'अंटार्कटिक महासागर' नाम अधिक प्रचलित है। अतएव हम भी इसे अंटार्कटिक महासागर ही कहेंगे। वैसे आजकल अधिकतर भूगोलवेत्ता इसे एक अलग महासागर मानते ही नहीं। उनके विचार से यह प्रशांत, अंध और हिंद महासागरों के दक्षिणी भागों का मिला-जुला प्रसार है।

अंटार्कटिक महासागर की दक्षिणी सीमा तो अंटार्कटिक महाद्वीप बनाता है, पर 40° दक्षिण अक्षांश को उसकी उत्तरी सीमा माना जाता है। इसके उत्तरी भाग में, 50 से 60° दक्षिण अक्षांशों के बीच में स्थित क्षेत्र में, उत्तर के महासागरों से आनेवाला अपेक्षाकृत कोष्ण पानी अंटार्कटिक महासागर के अत्यंत ठंडे पानी से मिलता है। इसलिए यह क्षेत्र 'अंटार्कटिक अभिसरण' (अंटार्कटिक कनवर्जेंस) नाम से भी प्रसिद्ध है। अधिकतर भूगोलवेत्ता अंटार्कटिक अभिसरण को ही दक्षिण ध्रुवीय क्षेत्र की उत्तरी सीमा मानते हैं।

अभिसरण क्षेत्र वह इलाका होता है जहाँ दो या अधिक सागरों के जल आपस में मिलते हैं। उनमें से एक सागर का जल तली की ओर चला जाता है। अंटार्कटिक अभिसरण क्षेत्र में अंटार्कटिक महासागर का जल, जो अपेक्षाकृत अधिक ठंडा और भारी होता है, नीचे की ओर चला जाता है।

इस महासागर में अंटार्कटिक महाद्वीप की हिमनदियों और बर्फ छत्रक के टुकड़े टूट-टूटकर गिरते रहते हैं। गरमी की ऋतु में ऐसा बहुत अधिक होता है। ये टुकड़े बड़े-बड़े हिमखंडों के रूप में सागर में तिरते रहते हैं। जैसा आप पढ़ चुके

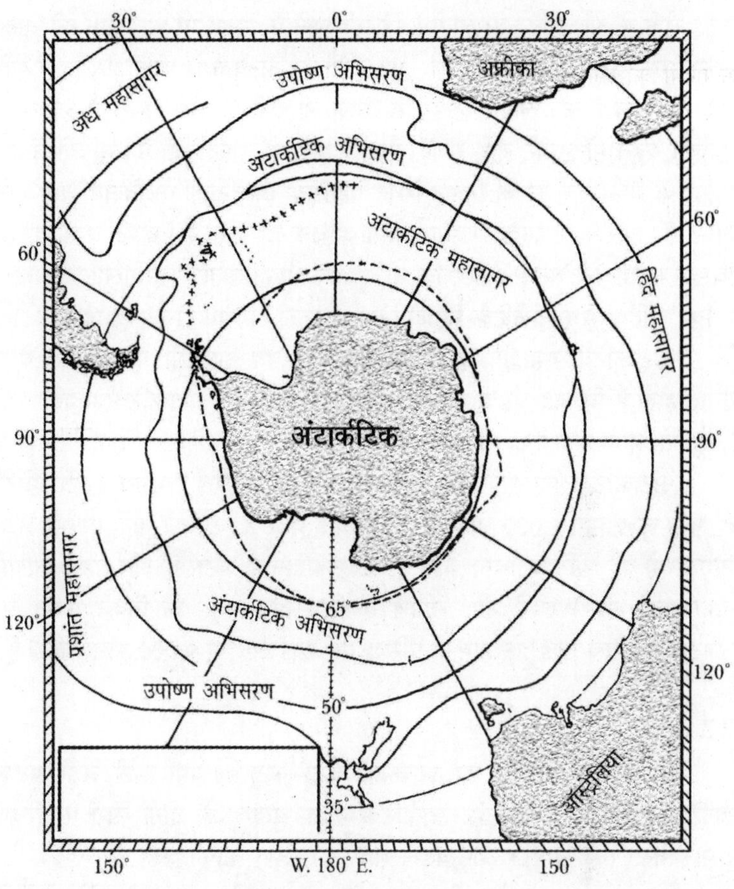

अंटार्कटिक और उपोष्ण अभिसरण

हैं, अनेक बार इन हिमखंडों का आकार बहुत बड़ा—13,000 वर्ग कि.मी. जितना बड़ा—हो जाता है। आमतौर पर इनका ऊपरी भाग सपाट होता है।

पवन तथा जलधाराएँ इन्हें दूर-दूर तक, उत्तर में स्थित महासागरों तक, ले जाती हैं। ये उस समय तक तिरते रहते हैं जब तक कोष्ण जल में पूरी तरह पिघल नहीं जाते। इसलिए अंटार्कटिक महासागर को 'तिरते हिमखंडों का सागर' भी कहा जाता है।

सर्दियों के दिनों में वातावरण के अत्यधिक ठंडे हो जाने के कारण अंटार्कटिक महासागर की ऊपरी सतह जमकर बर्फ में बदल जाती है। उस समय सागर की पूरी

सतह बर्फ से आच्छादित हो जाती है। गरमी आने पर सतह पर छाई बर्फ की चादर टुकड़ों में—'प्लावी बर्फ खंडों' में—टूट जाती है। अनेक बार पवन और लहरें इन्हें एक-दूसरे के निकट लाकर आपस में मिला भी देती हैं। उस समय ये आपस में जुड़कर बहुत मोटे-मोटे बर्फ-पुंजों (पैक आइस) में बदल जाते हैं। सर्दियों में इस प्रकार के बर्फ-पुंज तट के निकट स्थित पहाड़ियों और टीलों के किनारे जमा होने लगते हैं। धीरे-धीरे इनका विस्तार बहुत अधिक हो जाता है। कभी-कभी इनका विस्तार महाद्वीप के तट से 1,600 कि.मी. दूर तक भी हो जाता है। इसीलिए कहा जाता है कि 'सर्दियों में अंटार्कटिक महाद्वीप का क्षेत्रफल लगभग दोगुना हो जाता है।'

अंटार्कटिक महाद्वीप के क्षेत्र में होनेवाले इस आभासी परिवर्तन से ऐसा प्रतीत होता है कि वह धड़क रहा हो। इसीलिए कुछ लोग अंटार्कटिक महाद्वीप को 'धड़कता हुआ महाद्वीप' भी कहते हैं।

अंटार्कटिक महासागर के अधिकांश भाग की गहराई लगभग 4,000 मीटर है, परंतु कुछ भाग 6,000 मीटर से भी अधिक गहरे हैं। उसकी तली पर भी अन्य महासागरों की भाँति जलमग्न पर्वत हैं, सपाट मैदान हैं, पठार हैं और गहरी खाइयाँ हैं। उसकी सबसे गहरी खाई साउथ सैंडविच द्वीप समूह के निकट स्थित है। 'साउथ सैंडविच खाई' के नाम से प्रसिद्ध यह खाई लगभग 9,000 मीटर गहरी है।

तट

अंटार्कटिक महाद्वीप का तट काफी कटा-फटा है। यहाँ छोटी-बड़ी अनेक खाड़ियाँ स्थित हैं। इनमें ट्रांसअंटार्कटिक पर्वत-शृंखला के दोनों सिरों पर स्थित रॉस सागर (रॉस खाड़ी) और वेडल सागर (खाड़ी) काफी बड़ी हैं।

तट के निकट बहनेवाली जलधाराएँ मुख्य महाद्वीप को छोटे-छोटे द्वीपों से अलग करती हैं।

इन खाड़ियों और चैनलों में बर्फ के विशाल खंड (बर्फ शेल्फ) स्थित हैं। कुछ बर्फ शेल्फ बहुत विशाल हो जाते हैं। अंटार्कटिक के तट पर दस विशाल बर्फ शेल्फ हैं। इनमें 'रॉस शेल्फ' सबसे बड़ा है। उसका क्षेत्रफल 3,25,000 वर्ग कि.मी. है। अंदरूनी कगार पर उसकी मोटाई लगभग 700 मीटर और बाहरी कगार पर 200 मीटर है।

अंटार्कटिक महाद्वीप के इर्द-गिर्द स्थित महाद्वीपीय शेल्फ अन्य महाद्वीपों की तुलना में लगभग दोगुना गहरा है। (महाद्वीपीय शेल्फ महाद्वीपों का वह भाग होता है, जो हमेशा सागर में डूबा रहता है। इसकी संरचना आमतौर से ग्रेनाइटी

होती है, जबकि सागरों की तली की बेसाल्टी)। उसकी गहराई औसतन 400 मीटर है। वैज्ञानिकों के मतानुसार, इससे यह अनुमान लगाया जा सकता है कि किसी समय अंटार्कटिक की बर्फीली परत की सीमा महाद्वीपीय शेल्फ की बाहरी सीमा तक रही होगी।

अंटार्कटिक के महाद्वीपीय शेल्फ की एक और विलक्षणता है तट तथा शेल्फ के बाहरी कगार के बीच स्थित एक गहरी खाई। यह खाई तट के लगभग समानांतर स्थित है। यद्यपि अब तक वैज्ञानिकों को इसके बारे में पूरी जानकारी नहीं है, परंतु अंटार्कटिक महाद्वीप जानेवाले जहाजों को इसका पता अवश्य चल जाता है। इसकी गहराई लगभग 800 मीटर है।

पानी

तट के निकट अंटार्कटिक महासागर के पानी का ताप वर्ष भर 0° सै. से भी नीचा रहता है। उत्तर की ओर जाने पर ताप उस क्षेत्र तक बढ़ता जाता है जहाँ वह सर्दियों में $1-2^\circ$ सै. और गरमियों में $4-5^\circ$ सै. नहीं हो जाता। यह क्षेत्र महाद्वीप के चारों ओर फैला हुआ है। यह पानी अपने निकट के सागर के पानी से लगभग 2° सै. से भी अधिक गरम होता है।

अंटार्कटिक अभिसरण क्षेत्र के निकट पानी के ताप में एकाएक बहुत वृद्धि हो जाती है। वहाँ उत्तर के महासागरों से दक्षिण की ओर आनेवाली जलधारा अंटार्कटिक में आ मिलती है। इससे पानी का ताप सर्दियों में 14° सै. तक तथा गरमी में 18° सै. तक पहुँच जाता है। साथ ही पानी की लवणता भी 34.3 से बढ़कर 34.9 भाग प्रति एक हजार भाग हो जाती है। यह क्षेत्र 'उपोष्ण अभिसरण' (सबट्रॉपिकल कनवर्जेंस) कहलाता है।

अंटार्कटिक अभिसरण और महाद्वीपीय शेल्फ के बीच के क्षेत्र से लिये गए पानी के नमूनों से यह ज्ञात हुआ है कि अंटार्कटिक की अत्यंत ठंडी परिस्थितियों में उत्पादित ठंडा और कम लवणतावाला पानी केवल उथली परत (100 से 250 मीटर गहराई तक पाए जानेवाली परत) तक ही सीमित है। उसके नीचे कोष्ण, अधिक लवणतावाले, पानी की परत मौजूद है। यह कोष्ण पानी उत्तर की ओर अन्य महासागरों से निरंतर आता रहता है। अंटार्कटिक महाद्वीप के निकट पहुँचने पर उसमें महाद्वीपीय बर्फ की चादर के टुकड़े तथा ठंडा पानी मिल जाता है। इनसे ठंडा हो जाने पर यह पानी उत्तर की ओर (अंटार्कटिक जलधारा के रूप में) वापस आता रहता है।

अंटार्कटिक महासागर में तिरता विशाल हिमखंड। इसकी विशालता का अनुमान पृष्ठभूमि में स्थित जलयान से लगाया जा सकता है। वैसे अंटार्कटिक महासागर में इससे कहीं विशाल हिमखंडों को तिरते देखा जा सकता है।

अंटार्कटिक महासागर में कोष्ण पानी की गहरी परत के नीचे भी, लगभग 1,000 मीटर गहराई पर, ठंडे पानी की एक और परत स्थित है। इस प्रकार इस महासागर में ठंडे पानी की दो परतों के बीच कोष्ण पानी की एक परत मौजूद है। ऊपर और नीचे की परतों से पानी उत्तर की ओर जाता बहता है, जबकि मध्यवर्ती परत से दक्षिण की ओर।

अंटार्कटिक महासागर पृथ्वी के जिस क्षेत्र में स्थित है वहाँ थल बहुत कम है। साथ ही इस क्षेत्र में पश्चिम से पूर्व की ओर बहनेवाली पश्चिमी वायु, बिना किसी बाधा के, बहती है। 40 से 60° दक्षिण अक्षांशों के बीच उसका वेग अत्यंत तीव्र हो जाता है। वह 'चीखता-चिल्लाता' हुआ बहता है। सागर पर से उसके बहने के कारण बहुत ऊँची-ऊँची लहरें उठती हैं। इस क्षेत्र में लहरों की ऊँचाई जितनी अधिक होती है उतनी किसी अन्य सागर में नहीं होती।

पश्चिमी पवन के पश्चिम से पूर्व की ओर बहने के फलस्वरूप ही अंटार्कटिक महासागर की जलधाराओं के बहने की दिशा भी पश्चिम से पूर्व की ओर है। इनमें एक अत्यंत विशाल जलधारा भी है जिसे 'अंटार्कटिक परिध्रुवीय जलधारा' (अंटार्कटिक सरकमपोलर करंट) कहते हैं। इसमें 20 करोड़ घन मीटर पानी प्रति सेकंड बहता है। यह जलधारा सागर की तली की संरचनाओं, जलमग्न पहाड़ियों आदि के मार्ग में आ जाने पर कभी-कभी उत्तर की ओर भी थोड़ा-बहुत सरक जाती है।

ध्रुवीय पवन के कारण अंटार्कटिक महाद्वीप के तट के निकट एक जलधारा पूर्व से पश्चिम की ओर भी बहती है। कॉरिओलिस बल के कारण दक्षिण गोलार्द्ध में इसकी दिशा में कुछ परिवर्तन हो जाता है। परंतु यह जलधारा उतनी विशाल नहीं है जितनी अंटार्कटिक परिध्रुवीय धारा। यह भी महाद्वीप के तट पर स्थित खाड़ियों, पहाड़ियों आदि के कारण उत्तर की ओर सरक जाती है। यह 'पूर्व पवन प्रवाह' (ईस्ट विंड ड्रिफ्ट) कहलाती है।

जीव-जंतु

आप पढ़ चुके हैं कि आरंभ में, अठारहवीं-उन्नीसवीं शताब्दी में, मुख्य रूप से ह्वेल और सील के शिकारी ही अंटार्कटिक महासागर की ओर जाते थे। कहा जाता है कि ह्वेल के किसी शिकारी ने ही सबसे पहले अंटार्कटिक महाद्वीप को देखा था। अंटार्कटिक महासागर और कुछ हद तक अंटार्कटिक महाद्वीप की खोज की पृष्ठभूमि में ह्वेल और सील के व्यवसाय से होनेवाले आर्थिक लाभ का भी योग था। यद्यपि अब ह्वेल और सील के शिकार पर अंतरराष्ट्रीय प्रतिबंध लगा दिए

गए हैं, तब भी लोग चोरी-छिपे इस काम के लिए अंटार्कटिक महासागर जाते रहते हैं। इससे एक बात एकदम स्पष्ट है कि अंटार्कटिक महासागर में इन जीवों की संख्या अब भी काफी है।

यद्यपि अंटार्कटिक महाद्वीप की अत्यंत ठंडी जलवायु के कारण वहाँ शैवाल, मॉस, काई, लाइकेन आदि पौधों के अतिरिक्त कोई भी वनस्पति पैदा नहीं हो पाती तथा जूँ, पंखविहीन छोटी मक्खी जैसे जंतुओं के सिवाय कोई जंतु नहीं रह पाता; परंतु अंटार्कटिक महासागर जीव-जंतुओं के पनपने के लिए बहुत उपयुक्त क्षेत्र है। इस महासागर में जीव-जंतुओं की भरमार रहती है। इनमें से कुछ वर्ग के जंतु उभयचर भी हैं। वे भोजन प्राप्त करने के लिए जल में जाते रहते हैं, पर घोंसला बनाने तथा प्रजनन के लिए तटीय थल का उपयोग करते हैं।

अंटार्कटिक महासागर में पादप प्लांक्टन बहुत बड़ी मात्रा में पैदा होते हैं। वसंत और ग्रीष्म ऋतुओं में वे पूरे महासागर पर छा जाते हैं; परंतु उनका अत्यंत निर्ममता से भक्षण करते हैं श्रिंप सदृश क्रस्टेशियन क्रिल।

क्रिल : यद्यपि अंटार्कटिक महासागर का क्षेत्रफल पृथ्वी के कुल सागरों का केवल 10 प्रतिशत है परंतु उसकी पैदावार अन्य सागरों/महासागरों की तुलना में कहीं अधिक है। इस पैदावार का श्रेय एक ही जीव को जाता है। वह है क्रिल। 'क्रिल' नॉर्वेजियन भाषा का शब्द है, जिसका अर्थ है 'छोटी मछली'; परंतु क्रिल मछली नहीं है। वैसे अनेक प्रजातियों के प्लांक्टोनिक क्रस्टेशियनों को क्रिल नाम से ही पुकारा जाता है, पर इनमें सबसे महत्त्वपूर्ण और सबसे अधिक पाए जानेवाली प्रजाति है 'यूफाउसिआ सुपरबा'। आकार में 'यूफाउसिआ सुपरबा' श्रिंप जैसी दिखती है। ह्वेल इसी प्रजाति का अधिक भक्षण करती है। यद्यपि क्रिल पूरे अंटार्कटिक महासागर में मिलती हैं, परंतु उसकी सघनता महासागर के दक्षिणी भाग में अधिक है।

क्रिल लगभग 5 से.मी. लंबी होती है। उसके शरीर पर एंटीना के सदृश एक अंग उभरा रहता है, जिसकी लंबाई 2-2.5 से.मी. होती है। यह शाकाहारी जीव है जो पादप प्लांक्टनों, विशेष रूप से डायएटमों, का भक्षण करती है। यह आमतौर से झुंडों में रहना और विचरण करना पसंद करती है। इसके झुंड 1 मीटर से लेकर 800 मीटर तक बड़े हो सकते हैं। जनवरी से अप्रैल के महीनों में इन झुंडों के 1 घन मीटर में 12 कि.ग्रा. तक क्रिल मौजूद हो सकते हैं।

क्रिल की जीवन-अवधि आमतौर से 6 से 7 वर्ष होती है। वह तीसरे वर्ष प्रजनन आरंभ कर देती है। मादा क्रिल मध्य दिसंबर से मार्च के आरंभ तक अंडे

अंटार्कटिक महासागर की खाद्य शृंखला की अत्यंत महत्त्वपूर्ण कड़ी : क्रिल। अनुमान है कि भविष्य में क्रिल ही अत्यंत तेजी से बढ़ती हुई मानव आबादी की खाद्य समस्या का समाधान करेगी।

देती है। ये अंडे सागर में 600 से 1,200 मीटर तक नीचे चले जाते हैं, परंतु इनमें निकलनेवाले लार्वे तैरकर सागर की सतह पर आ जाते हैं।

क्रिल के बारे में एक सनसनीखेज तथ्य यह है कि वह बिना भोजन के भी एक वर्ष तक जीवित रह सकती है। उसके लार्वे भी दो माह तक बिना भोजन के जीवित रह जाते हैं।

दिन के समय क्रिल के लाल रंग के बड़े-बड़े झुंड तटों के निकट तैरते देखे जा सकते हैं। रात के समय ये झुंड नीला-हरा प्रकाश उत्सर्जित करते हैं। इसलिए आसानी से पहचान लिये जाते हैं और शिकारियों तथा ह्वेल, सील आदि जीवों का शिकार बन जाते हैं। वैसे ये 5 प्रजातियों की ह्वेल, 5 प्रजातियों की मछलियों, 3 किस्मों की सील और अनेक प्रजातियों के पक्षियों का मुख्य भोजन हैं।

क्रिल में प्रोटीन की मात्रा काफी अधिक, लगभग 15 प्रतिशत (गीले वजन पर), होती है। इसलिए अनेक देशों, यथा—जापान, पोलैंड, जर्मनी, चिली, दक्षिण कोरिया, रूस आदि में इन्हें प्रोटीनबहुल घटक के रूप में मानव-भोजन का एक

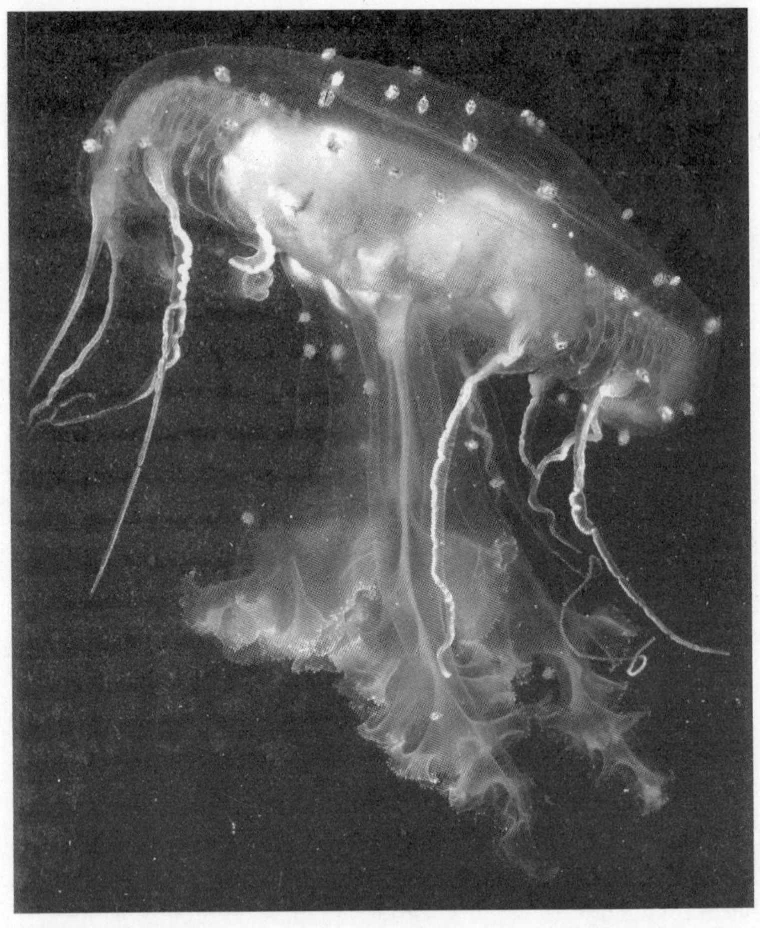

अंटार्कटिक महासागर में पाई जानेवाली जैली फिश डीपुलमारिस। यह अंटार्कटिक महासागर के ऑक्सीजन और पोषक पदार्थ बहुल पानी को छानकर अपना भोजन प्राप्त करती है।

अंग बनाने के प्रयत्न किए जा रहे हैं। कदाचित् इसीलिए जापान, रूस आदि देशों द्वारा बड़ी मात्रा में इनका शिकार किया जा रहा है।

मछलियाँ : विश्व में मछलियों की 20,000 से अधिक प्रजातियाँ पाई जाती हैं। अंटार्कटिक महासागर में लगभग 65 प्रजातियों की मछलियाँ मिलती हैं। अगर इस महासागर में उपअंटार्कटिक क्षेत्रों को भी शामिल कर लें तब मछलियों की प्रजातियों की संख्या लगभग 200 तक पहुँच जाती है।

इनमें रैट ट्राउट, गहरे सागरवाली कॉड, गहरे सागरवाली ईल, स्वेल, ट्राउट, ड्रेगन मछली प्रमुख हैं।

अंटार्कटिक महासागर की विशेष परिस्थितियों में मछलियों ने अपने शरीर में विशेष अनुकूलन प्रणाली, यथा रक्त में ग्लाइकोप्रोटीन, विकसित कर ली है जिसके कारण वे इतना निम्न ताप सहन कर सकती हैं, परंतु इससे उनकी शारीरिक वृद्धि अपेक्षाकृत मंद गति से होती है। इसलिए उनकी आयु भी अधिक होती है। वे 5 से 7 वर्ष में ही यौन रूप से परिपक्व हो पाती हैं। वैसे उनके अंडों की संख्या भी कम होती है।

यद्यपि उनका मुख्य भोजन क्रिल है; परंतु क्रिल की कमी हो जाने पर वे अन्य मछलियों का भी भक्षण कर लेती हैं। मजेदार बात यह है कि अधिकतर मछलियाँ अपना भोजन रात को करती हैं।

अंतरराष्ट्रीय भूभौतिक वर्ष के दौरान अंटार्कटिक महासागर में एक नई प्रजाति की मछली का पता चला था, जिसके रक्त में हीमोग्लोबिन मौजूद नहीं होता। इसे 'आइस फिश' कहते हैं।

ह्वेल : भोजन की तलाश में अनेक प्रकार की ह्वेल भी अंटार्कटिक महासागर में पहुँच जाती हैं। क्रिल का बहुत बड़ी मात्रा में भक्षण करनेवाली इन ह्वेलों में नीली ह्वेल, फिन ह्वेल, कूबड़वाली (हंपबैक) ह्वेल, मिंक ह्वेल, राइट ह्वेल आदि शामिल हैं। जैसा आप जानते हैं, नीली ह्वेल पृथ्वी पर निवास करनेवाले जंतुओं में सबसे बड़ी होती है। वह 30 मीटर तक लंबी हो जाती है।

मछलियाँ और स्क्विड खानेवाली अंटार्कटिक ह्वेलों में हत्यारी (किलर) ह्वेल, सदर्न बॉटलनोज ह्वेल, स्पर्म ह्वेल आदि शामिल हैं। इनमें से हत्यारी ह्वेल वास्तव में सागर की सबसे दुष्ट और क्रूर जीव है। हत्यारी ह्वेल किसी भी जीव पर हमला कर बैठती है और मौका मिलते ही उसे खा लेती है। वह सील, छोटी ह्वेल और यहाँ तक कि पेंग्विन को भी खा जाती है।

सील : अंटार्कटिक महासागर में अनेक प्रजातियों की सील भी बड़ी संख्या में मिलती हैं। ह्वेल की भाँति ये भी स्तनधारी जीव हैं और साँस लेने के लिए पानी से बाहर आती रहती हैं। सील तटों पर रहती हैं, पर भोजन के लिए सागर में गोता लगा देती हैं। वास्तव में ये उभयचर जीव हैं। इनमें सबसे बड़ी होती है दक्षिणी हाथी सील (सदर्न एलीफेंट सील)। वह स्क्विड खाती है। उसका नर साढ़े छह मीटर तक लंबा हो जाता है। यद्यपि वेडल सील और रॉस सील मछलियाँ और स्क्विड खाती हैं तथा क्रैबईटर और अंटार्कटिक फर सील क्रिल खाती हैं, परंतु

वेडल सील (लेप्टोनायकोटेस वेडेल्ली) : कदाचित् सबसे दक्षिण में रहनेवाली स्तनधारी है। यह अपना अधिक समय बर्फ के नीचे गुजारती है जहाँ वह उन छिद्रों में से साँस लेती है जो वह अपने दातों से बर्फ में बनाती है। यह सागर में 600 मीटर गहराई तक डुबकी लगा सकती है और वहाँ लगभग एक घंटे तक रह सकती है।

लेपर्ड सील तेंदुए की भाँति खूँखार होती है। वह अन्य सीलों को भी खा जाती है और मौका पड़ने पर पेंग्विन जैसे जीवों को भी नहीं छोड़ती।

सीलों में कदाचित् सबसे महत्त्वपूर्ण समझी जाती है अंटार्कटिक फर सील। उन्नीसवीं शताब्दी में इसका ही सबसे अधिक शिकार किया गया था। इसलिए इसकी संख्या बहुत कम हो गई थी। बाद में इसके शिकार पर प्रतिबंध लगाने पड़े। इन प्रतिबंधों के बावजूद अब भी यदा-कदा लोग इसका शिकार करने से बाज नहीं आते।

पक्षी

अंटार्कटिक का नाम आते ही लोगों के विचार में एक पक्षी अनायास ही आ जाता है। वह है पेंग्विन। पेंग्विन को अंटार्कटिक का 'प्रतीक चिह्न' भी कहा जा सकता है। वह पक्षी है और उसके पंख भी हैं, पर वह उड़ नहीं सकता। वह थल पर आदमी की भाँति चल सकता है और सागर में मुक्त रूप से तैर सकता है तथा मछली, क्रिल आदि पकड़ने के लिए सागर में 50 मीटर गहराई तक गोता भी लगा सकता है।

वैसे अंटार्कटिक महाद्वीप के तटों पर अन्य वंशों और प्रजातियों के पक्षी भी पाए जाते हैं। वैज्ञानिकों के अनुसार, अंटार्कटिक अभिसरण से लेकर दक्षिण ध्रुव तक पक्षियों की पचपन प्रजातियाँ पाई जाती हैं। इनमें 8 प्रजातियाँ पेंग्विन की, 6 अल्बाट्रास की, 25 पेट्रल की, 5 स्कुआ की और 11 डक, पिपिट, टिट, शाग आदि की शामिल हैं।

पेंग्विन : अंटार्कटिक के थल पर पेंग्विन का कोई दुश्मन नहीं है। आरंभिक अंटार्कटिक खोज़ी दलों के लोगों ने तेल प्राप्त करने के लिए बड़े पैमाने पर पेंग्विनों की हत्या की थी, पर अब यह कुकृत्य समाप्त हो गया। साथ ही अंटार्कटिक महासागर में ह्वेल और सील की संख्या कम हो जाने से वहाँ क्रिल की संख्या बढ़ गई। इसका भी फायदा पेंग्विनों को पहुँचा। फलस्वरूप अब अंटार्कटिक के तटों पर पेंग्विनों की संख्या 10 करोड़ से भी अधिक हो गई है। ये आमतौर से बड़े-बड़े, 6,000 से लेकर 8,000 तक और कभी-कभी 40,000 तक के झुंडों में रहते हैं। इनके झुंडों को 'रोकरी' कहा जाता है।

अंटार्कटिक के तट पर पाई जानेवाली पेंग्विन की प्रजातियाँ हैं—गेंटू, ऐडली, चिनस्ट्राप, किंग, एंपेरर, रॉयल, रॉक हूपर और ऐलो आइड आदि। इनमें सबसे अधिक संख्या ऐडली पेंग्विन की है।

ऐडली पेंग्विन आकार में छोटा, लगभग 70-75 से.मी. ऊँचा, 4 से 6 कि.ग्रा. वजन का, झुंडों में रहनेवाला पक्षी है, जो अंटार्कटिक महाद्वीप के तटीय प्रदेशों में पत्थर, मॉस या समुद्री खरपतवार से अपना घोंसला बनाता है। वह अपना

मादा चाहे मानव हो अथवा पक्षी अपने बच्चों से बहुत प्यार करती है। मादा पेंग्विन अपने बच्चे को चुग्गा खिलाती हुई।

अधिकांश समय सागर पर ही बिताता है, परंतु अंडे देने के लिए उसे थल पर आना पड़ता है। अंडे देने के लिए ऐडली पेंग्विन बड़ी संख्या में एक जगह—विशेष पर ही आते हैं। दरअसल, सैकड़ों पेंग्विन एक ही स्थान पर अंडे देते हैं। इसके लिए आमतौर पर उन्हें 10 से 90 कि.मी. तक की पैदल यात्रा करनी पड़ जाती है। जिस वर्ष बर्फ जल्दी पिघल जाती है उस वर्ष पेंग्विन इस यात्रा का कुछ भाग तैरकर ही तय कर लेते हैं।

ऐडली पेंग्विन अक्तूबर के आरंभ तक सागरों में तैरते रहते हैं (उस समय अंटार्कटिक में ग्रीष्म ऋतु का आरंभ होता है)। फिर वे अंडे देने के लिए झुंडों में तट पर आने लगते हैं। इन झुंडों में नर और मादा दोनों होते हैं। तट पर पहुँचते ही वे प्रजनन-स्थल की ओर चल पड़ते हैं। यहाँ वे जोड़ा बनाते हैं और बाद में मादा दो अंडे देती है। अपनी इस यात्रा और जोड़ा बनाने तथा अंडा देने के दौरान खाने के लिए उनको कुछ मिलता ही नहीं। दूसरा अंडा देने के बाद मादा सागर की ओर चल पड़ती है, पर नर अंडों पर बैठ जाता है। सागर में पहुँचकर मादा 14-15 दिनों तक मछलियाँ और क्रिल खाती रहती है। फिर वह अपने अंडों की ओर चल पड़ती है। वहाँ जाकर वह नर को छुट्टी दे देती है और स्वयं अंडों पर बैठ जाती है। अब नर सागर में जाकर छुट्टी मनाता और खाता-पीता रहता है। चौदह दिन बाद वह वापस आकर मादा को छुट्टी दे देता है। इस प्रकार की अदला-बदली लगभग दिसंबर के मध्य तक चलती रहती है।

उस समय तक अंटार्कटिक महाद्वीप पर काफी गरमी हो जाती है और बड़ी मात्रा में बर्फ पिघल चुकी होती है, जिससे सागर 'काफी पास सरक आता' है और पेंग्विनों को कम दूर चलना पड़ता है। पर सागर को जानेवाले और वहाँ से लौटनेवाले पेंग्विन प्रजनन-स्थल का चक्कर काटकर ही अपने अंडों तक जाते हैं। वे अन्य पेंग्विनों, जो अंडों पर बैठे हुए होते हैं, से 'छेड़छाड़' नहीं करते।

इस बीच अंडों में से बच्चे निकल आते हैं। जैसे ही ये बच्चे तैरने लायक होते हैं, नर और मादा सागर की ओर चल पड़ते हैं और अगले प्रजनन मौसम तक वहीं जीवनयापन करते हैं। इस बीच वे 'सैर' के लिए अन्य प्रदेशों की यात्रा भी कर लेते हैं।

एंपेरर पेंग्विन लगभग 1 मीटर ऊँचा और 30 कि.ग्रा. वजन का पक्षी है। इसका सिर काला, गरदन नीली-भूरी, चोंच नारंगी तथा बाकी शरीर सफेद होता है। यह घोंसला नहीं बनाता। यह सर्दियों (मई-जून) में अंडे देता है। इसके लिए मादा थल पर नहीं आती, वरन् सागर पर जमी बर्फ पर ही एक अंडा दे देती है। अंडा देकर वह

तो खुले (बिना जमे) सागर की ओर चल पड़ती है, पर नर बेचारा अपने पैरों पर खड़ा होकर अंडे को अपने से इस प्रकार सटा लेता है कि उसे 'ठंड न लगे'।

कभी-कभी खुले सागर तक पहुँचने के लिए मादा को 150 कि.मी. से भी अधिक चलना पड़ जाता है। लगभग 2 महीने तक सागर में घूमने और मछलियाँ, क्रिल आदि खाने के बाद मादा अंडे के पास वापस लौट आती है। तब तक बेचारा नर भूखा-प्यासा, खड़ा, अंडे की रक्षा करता रहता है। इससे वह बहुत दुबला हो जाता है। मादा के आने पर वह सागर की ओर चल पड़ता है और तीन-चार सप्ताह तक सागर में खूब भोजन और मौज-मस्ती करने के बाद मादा के पास आ जाता है।

जब अंडे में से बच्चा निकल आता है और वह चलने लायक हो जाता है, तब पूरा परिवार सागर की ओर चल पड़ता है।

अन्य पक्षी : अन्य अनेक प्रजातियों के पक्षी भी अपने घोंसले तो तटीय थल पर बनाते हैं, और अपना अधिक समय सागर के ऊपर उड़कर और मछली, क्रिल आदि जीव पकड़ने में बिताते हैं। इन पक्षियों में स्कुआ, अल्बाट्रास, पेट्रल आदि शामिल हैं। इनके अतिरिक्त कुछ अन्य प्रजातियों के पक्षी, यथा—कोरमोरेंट, गल, स्कुआ, टर्न आदि थल पर जल्दी-जल्दी वापस आते रहते हैं।

स्कुआ : अंटार्कटिक में दक्षिण ध्रुवीय स्कुआ ही अकेला ऐसा पक्षी है, जो महाद्वीप की धरती पर घोंसला बनाकर रहता है और वहीं प्रजनन करता है। यह अपना घोंसला खुले आसमान के नीचे, खुली जगह पर, बनाता है। अंडे देने के लिए यह पहाड़ी चट्टानों की दीवारों के नीचे, छोटे-छोटे कंकड़ एकत्र करके, एक छोटी-सी मेंड़ बनाकर एक घेर बना लेता है। उसी घेर में अंडे में से बच्चा निकलता है और काफी समय तक घेर में ही रहता है। आमतौर से नर और मादा, दोनों ही, अपने बच्चों और घोंसले की रक्षा बड़ी सतर्कता से करते हैं तथा मौका पड़ने पर घोंसले में अतिक्रमण करनेवाले शत्रु पर आक्रमण भी कर देते हैं।

आमतौर से अनेक स्कुआ एक ही स्थान पर अपने घोंसले बना लेते हैं।

इनका प्रिय भोजन है स्नो पेट्रल। स्नो पेट्रल सफेद रंग का एक छोटा पक्षी होता है, जिसे पकड़ने के लिए स्कुआ काफी दूर-दूर की उड़ान भी भर लेता है।

प्रवासी पक्षी

लगभग 40 प्रजातियों के पक्षी अंटार्कटिक में केवल गरमी बिताने आते हैं और सर्दी आरंभ होते ही वहाँ से उड़कर वापस अपने घरों को लौट जाते हैं। इन प्रवासी पक्षियों में आर्कटिक (अंटार्कटिक) टर्न, विल्सन पेट्रल, अल्बाट्रास आदि

शामिल हैं; परंतु इनमें आर्कटिक टर्न की प्रवास-यात्रा सबसे लंबी और सबसे विचित्र होती है।

अंटार्कटिक टर्न (स्टेरना पैराडिसिका या स्टेरना मैकरूरा) अपने घोंसले एशिया, यूरोप और उत्तर अमेरिका के अत्यंत बर्फीले इलाकों में बनाते हैं। गरमी (उत्तरी गरमी) वे इन्हीं घोंसलों में बिताते हैं, परंतु जुलाई-अगस्त में दक्षिण की ओर चल देते हैं। एक बार उड़ना आरंभ करने के बाद वे अंध महासागर (या प्रशांत महासागर) पार करके अंटार्कटिक महाद्वीप पर ही आकर अड्डा जमाते हैं। वहाँ वे दक्षिणी गरमी बिताते हैं और सर्दी आरंभ होते ही (लगभग मार्च में) फिर आर्कटिक की ओर उड़ जाते हैं। इस प्रकार वे उत्तरी गरमी एस्किमो के देश में बिताते हैं और दक्षिणी गरमी पेंग्विन के देश में।

आर्कटिक से अंटार्कटिक तक पहुँचने में उन्हें लगभग 15,000 कि.मी. लंबी उड़ान भरनी पड़ती है और इतनी ही लंबी उड़ान भरनी पड़ती है वापस आने में। इस प्रकार एक वर्ष में वे लगभग 30,000 कि.मी. लंबी उड़ान भर लेते हैं। कोई भी अन्य प्राणी प्रवास-यात्रा के दौरान इतनी लंबी दूरी तय नहीं करता।

अंटार्कटिक टर्न के उड़ने के तरीके को देखने से ऐसा प्रतीत होता है मानो वह केवल कुछ किलोमीटर की दूरी ही तय कर पाएगा। अपने बड़े-बड़े पंखों और हलके वजन के बावजूद उड़ते समय वह लड़खड़ाता हुआ प्रतीत होता है। वह अकेला भी उड़ता है और 20-30 के छोटे-छोटे झुंडों में भी; परंतु लंबी दूरी तय करनेवाले अन्य पक्षियों की भाँति वह सरल रेखा में नहीं उड़ता।

विल्सन पेट्रल नाम से मशहूर पेट्रल (ओशिनीटस ओशिनीकस) स्ट्राम पेट्रल की एक छोटी सी प्रजाति है, पर अपनी विलक्षण प्रवास-यात्रा के कारण वह बहुत प्रसिद्ध है। विल्सन पेट्रल अंटार्कटिक महाद्वीप के उत्तरी तट पर अपना घोंसला बनाते हैं और दक्षिणी सर्दी शुरू होते ही उत्तर की ओर उड़ान भरना आरंभ कर देते हैं। जून के महीने तक सभी विल्सन पेट्रल अंटार्कटिक छोड़ चुके होते हैं।

अपनी उत्तर यात्रा के दौरान वे संयुक्त राज्य अमेरिका के तटों तक भी जा पहुँचते हैं। सितंबर-अक्तूबर में अपनी वापसी यात्रा आरंभ करके ये नवंबर में अंटार्कटिक पहुँच जाते हैं और वहाँ ही प्रजनन करते हैं।

केप पेट्रल या केप विजन नाम से प्रसिद्ध पक्षी अंटार्कटिक महाद्वीप पर अनेक स्थानों पर और 40° दक्षिण अक्षांश से दक्षिण में स्थित कई द्वीपों, विशेष रूप से साउथ शेटलैंड और साउथ जार्जिया, पर अंडे देता है।

बृहत् पेट्रल (मेक्रोनेक्टस जाइजेंटीकस) दक्षिणी गोलार्द्ध में 40 से 60°

अंटार्कटिक के कुछ पक्षी

दक्षिण अक्षांशों के बीच अंडे देने के बाद प्रवास-यात्रा पर निकलता है और दूर-दूर तक पहुँच जाता है। बृहत् पेट्रल के बच्चों की उड़ान गति और दिशा से यह आभास होता है कि पवन की मदद से वे एक वर्ष में दक्षिण ध्रुव के कई चक्कर लगा लेते हैं।

अल्बाट्रास एक विशाल पक्षी है जिसके पंखों का विस्तार अन्य सब प्रजातियों के पक्षियों के पंखों से अधिक होता है। आमतौर पर यह अंटार्कटिक महासागर के द्वीपों में रहता है और प्रजनन-अवधि के बीच लंबी प्रवास-यात्रा करता है।

दक्षिणी वसंत में अधिकतर घुमक्कड़ अल्बाट्रास (**डाइओमेडिआ एक्सूलांस**) मकर रेखा और 60° दक्षिण अक्षांश के बीच रहते हैं। गरमी में वे और दक्षिण की ओर चले जाते हैं। शीत ऋतु वे आमतौर पर 30 से 50° दक्षिण

अक्षांशों के बीच बिताते हैं। इस बारे में विचित्र बात यह है कि घुमक्कड़ अल्बाट्रास पश्चिम से पूर्व की ओर यात्रा अवश्य करते हैं। सर्दियों और वसंत ऋतु में 65° दक्षिण और 120° पश्चिम देशांतरों के बीच में स्थित सागर पर लगभग एक भी अल्बाट्रास दिखाई नहीं देता, यद्यपि गरमी के दिनों में इस क्षेत्र में ही इनकी अधिक भीड़ रहती है।

यद्यपि अधिकतर वैज्ञानिक यह मानते हैं कि अल्बाट्रास दक्षिण ध्रुव के इर्द-गिर्द भी यात्रा करते हैं, परंतु यह बात पक्के तौर पर प्रमाणित नहीं हो पाई है।

□

6

सुरक्षा कवच में छिद्र और गरमाता वातावरण

विश्व-प्रसिद्ध वैज्ञानिक पत्रिका 'नेचर' में सन् 1985 में डॉ. फारमैन का अंटार्कटिक महाद्वीप के बारे में एक लेख प्रकाशित हुआ था। उस लेख ने वैज्ञानिक जगत् में ही नहीं वरन् राजनीतिक हलकों में भी तहलका मचा दिया था। उसने वैज्ञानिकों को ही नहीं जनसाधारण को भी गहरी चिंता में डाल दिया था। उससे विश्व के अधिकतर शासक इतने चिंतित हो उठे थे कि उन्हें अंतरराष्ट्रीय स्तर पर तत्काल काररवाई करने के लिए मजबूर होना पड़ा।

उक्त लेख 'अंटार्कटिक ओजोन छिद्र' के बारे में था। उसमें यह बताया गया था कि यद्यपि पिछले कुछ दशकों से वायुमंडल में स्थित ओजोन परत का काफी तेजी से ह्रास हो रहा है, परंतु अंटार्कटिक महाद्वीप के ऊपर ह्रास की मात्रा सबसे अधिक है। वहाँ ह्रास चिंतनीय स्तर तक पहुँच गया है।

डॉ. फारमैन के उक्त लेख से चिंतित वैज्ञानिक और राजनीतिज्ञों ने उनके मत की पुष्टि करनी चाही। दुर्भाग्य से उपग्रहों, विशेष रूप से 'निंबस' उपग्रहों, द्वारा किए गए प्रेक्षणों से डॉ. फारमैन का अनुमान एकदम सही निकला। वास्तव में अंटार्कटिक महाद्वीप के ऊपर वसंत ऋतु (सितंबर-नवंबर) में ओजोन की परत इतनी पतली हो जाती है मानो 'उसमें छिद्र हो गया हो'। एक बार अंटार्कटिक महाद्वीप के ऊपर 'ओजोन छिद्र' की पुष्टि हो जाने के बाद शीघ्र ही इस संबंध में अंतरराष्ट्रीय सम्मेलन आयोजित किया गया। इसमें ओजोन परत के ह्रास को रोकने के उपायों पर विस्तृत और गंभीर चर्चा हुई। अंत में सन् 1987 में विभिन्न देशों ने एक प्रोटोकॉल पर हस्ताक्षर किए, जिसके अनुसार एक निश्चित अवधि में ओजोन

परत का ह्रास करनेवाले रसायनों का सार्वभौमिक स्तर का इस्तेमाल कम करने के उपाय सुझाए गए। यह अंतरराष्ट्रीय सम्मेलन कनाडा के मांट्रियल शहर में आयोजित किया गया था। इसलिए वह 'मांट्रियल प्रोटोकॉल' के नाम से प्रसिद्ध हुआ। उक्त सम्मेलन में हमारे देश ने भी सक्रिय भाग लिया था और प्रोटोकॉल पर हस्ताक्षर किए थे।

ओजोन परत में छिद्र को इतनी गंभीर चिंता का विषय क्यों माना गया? इसको समझने के लिए हमें ओजोन परत तथा उसको हानि पहुँचानेवाले कारकों के बारे में कुछ जानकारी हासिल करनी जरूरी होगी।

सुरक्षा कवच

बहुत से लोग ईश्वर को 'नीली छतरीवाला' कहते हैं। 'नीली छतरी' से उनका तात्पर्य नीले आकाश से होता है और उनकी दृष्टि में ईश्वर आकाश से कहीं और ऊपर बैठकर उनकी रक्षा करता है। वह उन्हें निरंतर सुरक्षा प्रदान करता रहता है। आस्तिक व्यक्तियों की भावना को किंचित् भी ठेस पहुँचाए बिना हम यह निवेदन करना चाहते हैं कि वास्तव में प्रकृति ने 'आकाश' में ही समस्त प्राणी वर्ग के लिए एक 'सुरक्षा कवच' स्थापित कर रखा है। यह सुरक्षा कवच किसी कठोर धातु का ऊँचा घेरा नहीं है, वरन् एक गैस की पतली और झीनी परत है। यह परत हम मनुष्यों की ही नहीं, वरन् पृथ्वी के समस्त जीव-जंतुओं की, सूर्य से आनेवाली अत्यंत शक्तिशाली परंतु हानिकारक पराबैंगनी किरणों से रक्षा करती है। यह परत चाहे कितनी ही झीनी हो परंतु इसे पार करके मात्र 2-3 प्रतिशत पराबैंगनी किरणें ही धरती पर पहुँच पाती हैं। यह परत ओजोन गैस की है और धरती से 15 से 35 कि.मी. की ऊँचाई पर स्थित है। भूमध्यरैखिक क्षेत्र में इसकी ऊँचाई कम है और ध्रुवों के ऊपर अधिक। भूमध्यरैखिक क्षेत्र में यह परत 2.4 से 2.6 मि.मी. मोटी है और ध्रुवों के निकट 3.1 से 4.3 मि.मी. मोटी।

यदि वायुमंडल में ओजोन की सुरक्षा परत उपस्थित न होती तब पृथ्वी पर जीवन का वह स्वरूप न होता, जो आज उपस्थित है। यद्यपि यह परत 'ओजोन परत' कहलाती है, परंतु इसमें ओजोन अत्यंत सूक्ष्म—10 लाख भाग में से केवल 1 से 10 भाग जैसी अत्यंत सूक्ष्म—मात्रा में ही उपस्थित है।

ओजोन, जैसा आप जानते हैं, ऑक्सीजन का ही एक रूप (O_3) है; परंतु उसके गुण ऑक्सीजन से एकदम भिन्न होते हैं।

पराबैंगनी किरणें : सूर्य से आनेवाली पराबैंगनी किरणें तीन प्रकार की

होती हैं, जिन्हें उनकी तरंगदैर्घ्यों के अनुसार 'ए', 'बी' और 'सी' वर्गों में बाँटा जाता है। ए वर्ग की पराबैंगनी किरणों की तरंगदैर्घ्य 320 से 400 नैनोमीटर, बी वर्ग की 280 से 320 नैनोमीटर और सी वर्ग की 200 से 280 नैनोमीटर तक होती है (एक नैनोमीटर एक मिलीमीटर के 10 लाखवें भाग के बराबर होता है)।

इनमें से ए वर्ग की पराबैंगनी किरणें हानिकारक नहीं होतीं, जबकि सी वर्ग की किरणें अत्यंत शक्तिशाली होने के बावजूद वायुमंडल की ऊपरी परत में मौजूद ऑक्सीजन तथा ओजोन द्वारा अवशोषित कर ली जाती हैं। यदि ये किरणें दुर्भाग्य से पृथ्वी पर पहुँच जाएँ तो समस्त जीव-जंतु नष्ट हो जाएँगे। बचीं बी वर्ग की पराबैंगनी किरणें, उन्हें अवशोषित करने का उत्तरदायित्व स्ट्रेटोस्फीयर में स्थित ओजोन परत का है।

यह सुरक्षा परत आज मानवीय गलतियों के कारण स्वयं 'खतरे' में पड़ गई है। वह कमजोर पड़ती जा रही है—धीरे-धीरे समाप्त होती जा रही है।

यदि सूर्य से आनेवाली बी वर्ग की पराबैंगनी किरणों की मात्रा में वृद्धि हो जाए तो आँख के रोगों में वृद्धि हो जाएगी। हलके रंगवाले मनुष्यों के त्वचा कैंसर से पीड़ित होने की आशंका बढ़ जाएगी। साथ ही हमारे शरीर का प्रतिरक्षा तंत्र कमजोर पड़ जाएगा जिससे संक्रामक रोगों से पीड़ित होने की आशंका बढ़ जाएगी।

उक्त किरणों की मात्रा में वृद्धि हो जाने से पौधों में उत्परिवर्तन होने के अवसर बढ़ जाएँगे। इससे वर्तमान जैव-विविधता में अवांछित परिवर्तन होने लगेंगे और पौधों का प्राकृतिक संतुलन बिगड़ जाएगा।

आज हम जितनी मात्रा में जंतु प्रोटीन ग्रहण कर रहे हैं उनका 30 प्रतिशत से भी अधिक भाग समुद्री स्त्रोतों से प्राप्त होता है। बी वर्ग की पराबैंगनी किरणों की मात्रा में बढ़त होने से सागरों में पादप प्लांक्टनों का उत्पादन लगभग 30 प्रतिशत तक कम हो जाएगा। आप जानते हैं कि पादप प्लांक्टनों पर ही अंततः सागरों की उत्पादकता निर्भर होती है। उनके उत्पादन में कमी हो जाने के कुप्रभाव प्रत्यक्ष अथवा परोक्ष रूप से सभी समुद्री जीवों पर पड़ेंगे। अंटार्कटिक महासागर के संदर्भ में क्रिलों को कम मात्रा में भोजन प्राप्त होगा। उनकी संख्या कम होने लगेगी। ऐसा हो जाने पर स्क्विड, ह्वेल, पेंग्विन तथा अन्य जीवों को भी पर्याप्त मात्रा में भोजन नहीं मिल पाएगा।

वैसे बी वर्ग की पराबैंगनी किरणों की मात्रा में बढ़ोतरी के प्रत्यक्ष प्रभाव मछलियों, श्रिंपों, उभयचरों आदि जंतुओं पर भी पड़ेंगे। उनकी प्रजनन-क्षमता कम हो जाएगी और साथ ही उनका आरंभिक विकास रुक जाएगा।

वास्तव में पराबैंगनी बी किरणों की मात्रा में वृद्धि हो जाने से पृथ्वी की संपूर्ण जैव-भू-रासायनिक (बायोजिओकेमिकल) व्यवस्था ही गड़बड़ा जाएगी। उससे ग्रीनहाउस प्रभाव उत्पन्न करनेवाली तथा वायुमंडल में रंच मात्राओं में उपस्थित गैसों, यथा—कार्बन डाइऑक्साइड, कार्बन मोनोक्साइड, कार्बोनिल सल्फाइड आदि के उत्पादन और अवशोषण दोनों प्रभावित हो जाएँगे। बी वर्ग की पराबैंगनी किरणों में वृद्धि के फलस्वरूप पादप पदार्थों के उत्पादन और विघटन की व्यवस्थाएँ प्रभावित हो जाएँगी, जल में कार्बनिक पदार्थों की घुलनशीलता बढ़ जाएगी, नाइट्रीकारी (नाइट्रीफाइंग) बैक्टीरिया और सरल अकार्बनिक पदार्थों, यथा—नाइट्रेटों का प्रकाश विघटन (फोटोडिकंपोजीशन) मंद पड़ जाएगा।

पराबैंगनी किरणों का अध्ययन करते समय वैज्ञानिकों को अनेक विचित्र तथ्य ज्ञात हुए हैं। बर्फ द्वारा परावर्तित की जानेवाली सौर विकिरणों में पराबैंगनी किरणों की मात्रा काफी होती है। समझा जाता है कि हिमनदी की बर्फ पर पराबैंगनी किरणों की जितनी मात्रा आपतित होती है उसका लगभग 95 प्रतिशत भाग परावर्तित हो जाता है।

यदि सागर की सतह पर बर्फ जमी हुई होती है, जैसा अंटार्कटिक महासागर में शीत ऋतु में अकसर होता है, तब सागर आपतित पराबैंगनी किरणों के 5 से 30 प्रतिशत भाग को परावर्तित कर देता है। निश्चय ही सतह का जितना अधिक क्षेत्र बर्फ से ढका होता है पराबैंगनी किरणों का परावर्तन भी उतना ही अधिक होता है।

इसी प्रकार यदि आकाश में छाए बादलों में हिम के कण मौजूद होते हैं तब वे भी पराबैंगनी किरणों की काफी मात्रा को परावर्तित कर देते हैं। जिस समय आकाश में हिमकणयुक्त बादल छाए होते हैं उस समय सागर के पानी में पराबैंगनी किरणें 20 मीटर से भी कम गहराई तक प्रवेश कर पाती हैं।

अंटार्कटिक महासागर में किए गए अध्ययनों में पाया गया है कि वहाँ के पादप प्लांक्टनों में पराबैंगनी किरणों को सहन करने की अद्‍भुत क्षमता है। इसके लिए वे एक विशेष प्रकार का धूपरोधक पिगमेंट उत्पन्न कर लेते हैं अथवा पराबैंगनी विकिरणों से होनेवाली हानि का निराकरण कर लेते हैं।

कोरलों के शरीर में भी पराबैंगनी किरणों का अवशोषण करनेवाले रसायन मौजूद रहते हैं। इसी प्रकार के रसायन अंटार्कटिक के कवकों के शरीर में भी पाए गए हैं।

अंटार्कटिक महाद्वीप के 85 प्रतिशत शैवाकों में भी पराबैंगनी किरणों को अवशोषित करने की क्षमता पाई गई है।

ओजोन के कार्य : अब देखें कि ओजोन की यह बहुत महीन और झीनी परत इन हानिकारक पराबैंगनी किरणों को कैसे रोकती है? जब ओजोन अणुओं (O_3) पर पराबैंगनी किरणें पड़ती हैं तब वे आणविक ऑक्सीजन (O_2) और परमाणविक ऑक्सीजन (O) में विघटित हो जाते हैं। परमाणविक ऑक्सीजन बहुत सक्रिय होती है और शीघ्र ही आणविक ऑक्सीजन से संयुक्त होकर पुनः ओजोन (O_3) अणु बना लेती है। इस प्रकार पराबैंगनी विकिरणों के फलस्वरूप ओजोन अणु विघटित होते रहते हैं और पुनः बनते रहते हैं। ऐसा पिछले करोड़ों-अरबों वर्षों से होता आ रहा है और यदि मानवजन्य 'छेड़छाड़' न हो तो भविष्य में भी बहुत लंबे समय तक होता रहेगा।

ओजोन ह्रासकारी कारक

सन् 1970 के दशक के आरंभ में वैज्ञानिकों ने अपने अध्ययनों में पाया कि उच्च वायुमंडल में उड़ान भरते समय जेट वायुयान, जो गरम एग्जॉस्ट छोड़ते हैं उसमें काफी मात्रा में नाइट्रस ऑक्साइड गैस मौजूद रहती है। यह गैस ओजोन अणुओं को विघटित करती है। इस प्रकार विघटित होनेवाले घटक संयुक्त होकर पुनः ओजोन अणु नहीं बना पाते।

इस बारे में यह भी अनुमान लगाया गया है कि निरंतर उड़ान भरनेवाले 500 सुपरसोनिक वायुयान कुछ ही दिनों में ओजोन की 3-4 प्रतिशत मात्रा नष्ट कर सकते हैं। साथ ही वे वायुयान, जिनके इंजन अधिक ईंधन जलाते हैं, ओजोन परत को अधिक हानि पहुँचाते हैं।

इस बारे में चिंता व्यक्त करते हुए संयुक्त राष्ट्र पर्यावरण कार्यक्रम ने वैज्ञानिकों से और खोजबीन करने का अनुरोध किया था। साथ ही यह भी अनुरोध किया था कि वे उर्वरकों के कारखानों से निकलनेवाली नाइट्रस ऑक्साइड के भी ओजोन पर दुष्प्रभावों का अध्ययन करें।

इसके बाद सन् 1974 में संयुक्त राज्य अमेरिका के दो वैज्ञानिकों, मारिओ मोलिना और शेरवुड रॉलैंड, ने यह घोषणा की कि पूरे विश्व के वायुमंडल में क्लोरोफ्लोरोकार्बनों की काफी मात्रा मौजूद है और वह धीरे-धीरे स्ट्रेटोस्फीयर, जहाँ ओजोन परत स्थित है, की ओर बढ़ रही है।

ओजोन परत पर क्लोरोफ्लोरोकार्बनों के संभावित दुष्प्रभावों का अनुमान लगाने हेतु वैज्ञानिकों ने पहले प्रयोगशालाओं में अध्ययन किए। इन अध्ययनों में पहले क्लोरोफ्लोरोकार्बनों की पराबैंगनी किरणों, विशेष रूप से बी और सी वर्ग

की पराबैंगनी किरणों से क्रियाएँ कराई गईं। फिर इन क्रियाओं में बननेवाले पदार्थों की ओजोन के अणुओं के साथ प्रक्रिया के अध्ययन किए गए।

इनमें पाया गया क्लोरोफ्लोरोकार्बन बी और सी वर्गों की पराबैंगनी किरणों से क्रिया करके स्वयं क्लोरीन में विघटित हो जाते हैं, पर यह क्लोरीन परमाणविक (Cl) होती है। इसलिए अत्यंत सक्रिय होती है। यह ओजोन अणुओं से क्रिया करके उन्हें ऑक्सीजन अणुओं में बदल देती है और स्वयं क्लोरीन मोनोऑक्साइड में परिवर्तित हो जाती है। पर इस प्रकार बननेवाली क्लोरीन मोनोऑक्साइड ऑक्सीजन के उन परमाणुओं से, जो ओजोन पर पराबैंगनी किरणों के प्रभावस्वरूप बनते हैं, क्रिया करने लगती है और उन्हें ऑक्सीजन के अणुओं में बदल देती है; जबकि स्वयं पुनः परमाणविक क्लोरीन में परिवर्तित हो जाती है। इस प्रकार ओजोन के साथ पराबैंगनी किरणों की क्रिया के फलस्वरूप निर्मित ऑक्सीजन परमाणु और ऑक्सीजन अणु आपस में नहीं मिल पाते और ओजोन अणुओं का पुनः निर्माण नहीं कर पाते।

पर परमाणविक क्लोरीन उक्त आणविक ऑक्सीजन से पुनः क्रिया करने के लिए तैयार हो जाती है। वह बार-बार ऑक्सीजन परमाणुओं से क्रिया करती है। इस प्रकार उक्त श्रृंखला प्रक्रिया एक बार आरंभ हो जाने के बाद स्वयं, बिना किसी बाहरी मदद के, निरंतर चलती रहती है और ओजोन के अणु निरंतर ऑक्सीजन अणुओं में परिवर्तित होते रहते हैं। दूसरे शब्दों में, ओजोन परत का निरंतर ह्रास होता रहता है।

वैज्ञानिकों का मत है कि स्ट्रेटोस्फीयर में भी क्लोरोफ्लोरोकार्बन इसी प्रकार की क्रियाएँ करते हैं।

जहाँ तक क्लोरोफ्लोरोकार्बन का प्रश्न है, वे प्राकृतिक उत्पाद नहीं हैं। प्रथम बार क्लोरोफ्लोरोकार्बन का निर्माण (संश्लेषण) सन् 1920 में हुआ था। उसके बाद विभिन्न किस्मों के क्लोरोफ्लोरोकार्बन बनाए जाने लगे। ये बहुत उपयोगी रसायन हैं। इनका इस्तेमाल वातानुकूलन संयंत्रों, रेफ्रिजरेटरों, फ़ोम ब्लोअरों, एयरसोलों आदि में बड़े पैमाने पर होता है। इसलिए इनके उत्पादन में बहुत तेजी से वृद्धि हुई। आज सैकड़ों किस्मों के क्लोरोफ्लोरोकार्बन बनाए जा रहे हैं। इस्तेमाल के बाद इनका अधिकतर भाग—कभी-कभी 85 प्रतिशत भाग तक—(कई लाख टन) वायुमंडल में मुक्त हो जाता है। वायुमंडल में ये 75 से 110 वर्षों तक बिना विघटित हुए रह जाते हैं। अतएव वायुमंडल में इनकी मात्राएँ बहुत तेजी से बढ़ रही हैं। समझा जाता है कि आजकल सबसे ज्यादा इस्तेमाल किए जानेवाले

क्लोरोफ्लोरोकार्बनों 'सी.एफ.सी.-11' और 'सी.एफ.सी.-12' की वायुमंडल में मात्राएँ क्रमशः 0.28 और 0.47 भाग प्रति एक अरब भाग है।

ओजोन को नष्ट करने के गुणों की दृष्टि से लोग क्लोरोफ्लोरोकार्बनों की सूची में हैलोनों (ब्रोमोफ्लोरोकार्बनों), मैथिल ब्रोमाइड, मैथिल क्लोरोफॉर्म और कार्बन टेट्राक्लोराइड आदि को भी शामिल कर लेते हैं। इनमें हैलोन बहुत प्रभावी अग्निशामक हैं और मैथिल ब्रोमाइड बढ़िया फ्यूमिगेंट। ये बहुत स्थायी रसायन हैं, जो बहुत लंबे समय तक विघटित हुए बिना वायुमंडल में रह जाते हैं।

अब यह प्रमाणित हो चुका है कि नाभिकीय विस्फोटों के परिणामस्वरूप भी ओजोन परत का ह्रास होता है। वैज्ञानिकों को यह भी आशंका है कि परमाणु युद्ध का कदाचित् सर्वाधिक दुष्परिणाम होगा ओजोन परत का नाश।

ओजोन छिद्र

वैज्ञानिकगण ओजोन परत के इस प्रकार से होनेवाले ह्रास का अध्ययन कर ही रहे थे कि डॉ. फारमैन का यह लेख प्रकाशित हुआ, जिसकी चर्चा हम ऊपर कर चुके हैं। उससे वैज्ञानिक ही नहीं, सामान्य लोग भी चिंता में पड़ गए। इस बारे में एक विलक्षण बात यह थी कि इस छिद्र की सूचना किसी उपग्रह ने नहीं दी थी, यद्यपि वे भी उसका अवलोकन कर रहे थे। इसकी खोज डॉ. फारमैन और उनके सहयोगियों ने एक साधारण यंत्र की मदद से की थी। यह यंत्र डॉबसन स्पेक्ट्रोफोटोमीटर था, जिसका इस्तेमाल ब्रिटिश वैज्ञानिक दल अंतरराष्ट्रीय भूभौतिक वर्ष से लेकर सन् 1980 के दशक तक करता रहा था। डॉ. फारमैन द्वारा अंटार्कटिक ओजोन छिद्र की घोषणा कर देने के बाद वैज्ञानिकों ने एक बार फिर 'निंबस-7' उपग्रह द्वारा भेजे गए चित्रों को ध्यान से देखा। तब उन्होंने पाया कि अंटार्कटिक महाद्वीप के ऊपर स्थित ओजोन परत में सितंबर-अक्तूबर मास में बहुत परिवर्तन हो जाता है। उस समय, विशेष रूप से अक्तूबर के मध्य में, ओजोन परत अत्यंत क्षीण हो जाती है। बाद में नवंबर-दिसंबर में वह सामान्य हो जाती है। यद्यपि फरवरी-मार्च के महीनों में यह परत फिर से क्षीण होने लगती है, परंतु वह उतनी क्षीण नहीं होती जितनी सितंबर-अक्तूबर में हो जाती है। वैसे ओजोन परत हर वर्ष पिछले वर्ष के मुकाबले अधिक क्षीण होती जा रही है। सन् 1987 में यह सर्वाधिक क्षीण हो गई थी। दूसरे शब्दों में, 'ओजोन छिद्र धीरे-धीरे गहरा और चौड़ा' होता जा रहा है।

अंटार्कटिक के ऊपर ओजोन छिद्र के बनने के लिए भी क्लोरोफ्लोरोकार्बन, हैलोन, क्लोरीन, एयरोसोल, नाइट्रस ऑक्साइड तथा ध्रुवीय स्ट्रेटोस्फीयरी मेघों को

जिम्मेदार माना जाता है। ध्रुवीय स्ट्रेटोस्फीयरी मेघ वसंत ऋतु में, जब ताप –73° सै. से कम हो जाता है, बनते हैं।

इस संबंध में जापानी केंद्र सयोवा के वैज्ञानिकों द्वारा किए गए परीक्षणों से पता चला है कि यह छिद्र 12 से 20 कि.मी. ऊँचाई पर स्थित होता है। यह एक विचित्र बात थी क्योंकि वैज्ञानिकों का अनुमान था कि इस ऊँचाई पर स्थित क्लोरीन मोनोऑक्साइड निष्क्रिय होती है, परंतु वास्तव में वह काफी सक्रिय पाई गई। उस क्षेत्र में कुछ ऐसी क्रियाएँ होती हैं जो क्लोरीन मोनोऑक्साइड को सक्रिय बना देती हैं।

बाद में सन् 1987 में किए गए अध्ययनों में पाया गया कि अंटार्कटिक महाद्वीप के कुछ क्षेत्रों के ऊपर ओजोन छिद्र लुप्त हो जाता है, पर पहले वह कुछ देर के लिए गहरा हो जाता है। उसके गहरे होने—धरती तक बी वर्ग की पराबैंगनी किरणों के अधिक मात्रा में पहुँच जाने—के कुप्रभाव दक्षिणी गोलार्द्ध के अन्य क्षेत्रों में, विशेष रूप से न्यूजीलैंड और अर्जेंटाइन में, भी देखे गए हैं।

भारतीय वैज्ञानिकों ने भी अंटार्कटिक ओजोन छिद्र के अध्ययन किए हैं। इन अध्ययनों का आरंभ सन् 1982-83 में, दूसरे भारतीय अभियान के दौरान, हुआ था। ओजोन परत के अध्ययन हेतु 30-35 कि.मी. ऊँचाई तक गुब्बारे भेजे गए थे। इन अध्ययनों से भी यह संकेत मिला था कि अंटार्कटिक के ऊपर (12 से 20-22 कि.मी. ऊँचाई तक) ओजोन की 50 प्रतिशत मात्रा का ह्रास हो चुका है।

अब दक्षिणी गोलार्द्ध में निचले वायुमंडल में हैलोकार्बनों, विशेष रूप से मैथिल क्लोरोफॉर्म, क्लोरोफ्लोरोकार्बनों और हैलोनों, की मात्रा बहुत बढ़ गई है। फलस्वरूप दक्षिणी गोलार्द्ध के स्ट्रेटोस्फीयर में क्लोरीन की मात्रा सामान्य से छह गुनी से अधिक और ब्रोमीन की मात्रा डेढ़ गुनी हो गई है। इससे अंटार्कटिक महाद्वीप के ऊपर ओजोन छिद्र बढ़ता जा रहा है और दक्षिणी गोलार्द्ध की जलवायु में परिवर्तन की आशंका होने लगी है।

यद्यपि उत्तरी गोलार्द्ध में भी विस्तृत क्षेत्र में ओजोन की परत का ह्रास हुआ है और अब भी हो रहा है; पर उसमें दक्षिणी गोलार्द्ध जैसी नाटकीयता नहीं है। इसलिए उसने इतना तहलका नहीं मचाया जितना अंटार्कटिक के वायुमंडल में बननेवाले ओजोन छिद्र ने।

सुरक्षा के उपाय

अंटार्कटिक ओजोन छिद्र से आतंकित दुनिया के अधिकतर देशों ने ओजोन परत के ह्रास को रोकने और उसे आनेवाली पीढ़ियों के लिए सुरक्षित रखने की

दृष्टि से मांट्रियल प्रोटोकॉल तैयार किया है, जिसमें इस संबंध में गंभीर उपाय सुझाए गए हैं। वैज्ञानिक मॉडलों पर किए गए अध्ययनों से पता चला है कि ओजोन के ह्रास की क्रिया तब तक नहीं रुक सकती जब तक वायुमंडल में क्लोरीन की मात्रा को घटाकर 2 भाग प्रति एक अरब भाग नहीं कर दिया जाता। ज्ञातव्य है कि सन् 1970 के दशक के मध्य तक वायुमंडल में क्लोरीन की मात्रा इतनी ही थी। क्लोरीन की मात्रा को इतना कम कर देने का अर्थ है क्लोरोफ्लोरोकार्बनों तथा संबद्ध रसायनों के इस्तेमाल को एकदम समाप्त कर देना। परंतु क्लोरोफ्लोरोकार्बन बहुत उपयोगी औद्योगिक रसायन हैं। अत: उनके उपयोग को एकदम समाप्त कर देने से अनेक अत्यंत महत्त्वपूर्ण उद्योग समाप्त हो जाएँगे। इसलिए यह निश्चित किया गया कि ओजोन परत को हानि न पहुँचानेवाले उनके विकल्पों की खोज की जाए और क्लोरोफ्लोरोकार्बनों तथा अन्य ओजोननाशक रसायनों के स्थान पर धीरे-धीरे इन विकल्पों का उपयोग आरंभ किया जाए। ऐसा अनेक देशों, जिनमें भारत भी शामिल है, में किया जा रहा है।

सन् 2002 के सितंबर मास में किए गए परीक्षणों में पाया गया कि ओजोन छिद्र दो भागों में बँट गया है। साथ ही वह बहुत छोटा भी हो गया है। सन् 1988 के बाद वह इतना छोटा कभी नहीं हुआ था। ऐसा प्रतीत होता है कि विभिन्न देशों द्वारा ओजोन ह्रासकारी रसायनों के इस्तेमाल में कमी करने के प्रयत्नों के फलस्वरूप ऐसा हुआ है।

यहाँ यह उल्लेख करना भी युक्तिसंगत होगा कि हमारे देश में ओजोन का ह्रास करनेवाले रसायनों का उपयोग अन्य देशों की तुलना में बहुत कम मात्रा में किया जाता है। हम ऐसे रसायनों का उपयोग औसतन 3 ग्राम प्रति व्यक्ति प्रति वर्ष करते हैं और कभी भी उनकी मात्रा 20 ग्राम प्रति व्यक्ति प्रति वर्ष से अधिक नहीं हो पाती। इसकी तुलना में औद्योगिक रूप से विकसित देश ओजोन ह्रासकारी रसायनों का उपयोग लगभग 300 ग्राम प्रति व्यक्ति प्रति वर्ष की औसत दर से करते हैं। फिर भी हमारे देश में क्लोरोफ्लोरोकार्बनों तथा अन्य ओजोन ह्रासकारी रसायनों का उपयोग कम करने के लिए गंभीर उपाय किए जा रहे हैं।

गरमाती जलवायु

उन्नीसवीं सदी के अंतिम चरण तक औद्योगिकीकरण के लाभ पूर्ण रूप से स्पष्ट हो गए थे। साथ ही उसके दुष्प्रभाव भी सामने आने लगे थे। उन दुष्प्रभावों पर विचार करते हुए सन् 1896 में जगत्प्रसिद्ध स्वीडिश वैज्ञानिक आर्हेनियस,

जिन्हें बाद में नोबेल पुरस्कार भी प्रदान किया गया था, ने यह आशंका प्रकट की थी कि 'औद्योगिकीकरण के परिणामस्वरूप पृथ्वी की जलवायु में भी परिवर्तन हो सकता है।'

लोगों ने, विशेष रूप से उद्योगपतियों ने, उनकी इस बात पर ध्यान नहीं दिया। फलतः औद्योगिकीकरण अंधाधुंध तरीके से होता रहा। इतना ही नहीं, समय के साथ-साथ उसकी दर में तेजी भी आ गई और उसका क्षेत्र बहुत बढ़ गया। फलस्वरूप वायुमंडल में उद्योगों से निकलनेवाली गैसों की मात्रा में भी बढ़ोतरी होती गई और जलवायु पर पड़नेवाले उनके दुष्प्रभाव अधिकाधिक स्पष्ट होने लगे। बीसवीं सदी के उत्तरार्द्ध में इन दुष्प्रभावों की जानकारी वैज्ञानिकों तक ही सीमित न रहकर जनसाधारण तक पहुँचने लगी। अतः जलवायु में होनेवाले संभावित परिवर्तनों का अनुमान लगाने हेतु अंतरराष्ट्रीय स्तर पर काररवाई की आवश्यकता महसूस हुई। इसी काररवाई के एक भाग के रूप में विश्व मौसम संगठन और संयुक्त राष्ट्र पर्यावरण कार्यक्रम की वित्तीय सहायता से विश्व जलवायु शोध संस्था द्वारा जलवायु-परिवर्तन पर एक अंतःसरकारी पैनल (इंटरगवर्नमेंटल पैनल ऑन क्लाइमेट चेंज) का गठन किया गया। इस पैनल द्वारा सन् 1990 में पेश की गई रिपोर्ट ने वैज्ञानिकों को ही नहीं, विभिन्न देशों की सरकारों को भी गंभीर चिंता में डाल दिया।

इस रिपोर्ट के अनुसार, वायुमंडल में कार्बन डाइऑक्साइड, मीथेन, नाइट्रस ऑक्साइड, क्लोरोफ्लोरोकार्बन आदि गैसों की मात्रा तेजी से बढ़ रही है। इसके फलस्वरूप पृथ्वी का ताप भी बढ़ रहा है। वायुमंडल में इन गैसों की मात्रा बढ़ने से पृथ्वी का ताप किस प्रकार बढ़ता है और ताप के बढ़ने के दुष्परिणाम क्या हो सकते हैं, यह समझने के लिए हमें इन गैसों की कार्य-प्रणाली की संक्षिप्त चर्चा करनी होगी।

पृथ्वी के वायुमंडल में उपस्थित जलवाष्प, कार्बन डाइऑक्साइड, मीथेन, नाइट्रस ऑक्साइड, ओजोन और क्लोरोफ्लोराकार्बन (पृथ्वी से) अंतरिक्ष की ओर परावर्तित होनेवाली अवरक्त विकिरणों का अवशोषण कर लेती हैं। ऐसा करोड़ों वर्षों से हो रहा है। इस कारण धरती का ताप इतने नीचे नहीं गिर पाता जितना अन्यथा गिर जाता। वैज्ञानिकों का अनुमान है कि उक्त गैसों के वायुमंडल में अनुपस्थित रहने पर पृथ्वी का औसत ताप -18° सै. जैसे नीचा हो जाता, जबकि अब वह लगभग 15° सै. है।

वैज्ञानिकों ने अंटार्कटिक महाद्वीप पर जमी बर्फ की चादर के परीक्षणों से

पिछले 1,60,000 वर्षों में वायुमंडल में कार्बन डाइऑक्साइड की मात्रा के अनुमान लगाए हैं।

उनसे यह ज्ञात हुआ है कि औद्योगिक युग से पूर्व के (अठारहवीं शताब्दी के) वायुमंडल में कार्बन डाइऑक्साइड की मात्रा आयतन के अनुसार 280 भाग प्रति दस लाख भाग थी। सन् 1958 में वह बढ़कर 315 और सन् 1990 में 355 भाग प्रति दस लाख भाग हो गई। यदि वृद्धि की यही दर जारी रही तब अगली पीढ़ी में (ज्यादा-से-ज्यादा उससे अगली पीढ़ी में) वह बढ़कर 550 भाग प्रति दस लाख भाग तक पहुँच जाएगी।

वायुमंडल में मीथेन मुख्यत: दलदलों, पशुओं के शरीर, पानी भरे धान के खेतों आदि से आती है। अब से लगभग सौ वर्ष पूर्व तक वायुमंडल में उसकी मात्रा 900 भाग प्रति एक अरब भाग थी। उसके बाद उसमें 12 प्रतिशत प्रति वर्ष की दर से वृद्धि होती रही। सन् 1978 में वह बढ़कर 1,520 भाग प्रति एक अरब भाग और मार्च 1990 में 1,710 भाग प्रति एक अरब भाग हो गई। इस बारे में यह उल्लेखनीय है कि मीथेन की मात्रा दक्षिणी गोलार्द्ध की तुलना में उत्तरी गोलार्द्ध में काफी अधिक पाई गई है।

इसी प्रकार नाइट्रस ऑक्साइड गैस, जो नाइट्रोजनीय मृदाओं पर सूक्ष्म जीवों की क्रिया के फलस्वरूप बनती है, की मात्रा औद्योगिक-पूर्व युग में लगभग 285 भाग प्रति एक अरब भाग थी वह सन् 1990 में बढ़कर 310 भाग प्रति एक अरब भाग हो गई। वास्तव में अब वायुमंडल में उक्त गैसों की मात्रा इतनी (अधिक) है, जितनी पिछले 1,60,000 वर्षों में कभी भी नहीं थी।

ग्रीनहाउस गैसें

सन् 1822 में फ्रेंच गणितज्ञ ज्याँ फूरिए (Jean Fourier) ने पृथ्वी के वायुमंडल की तुलना 'ग्रीनहाउस' से की थी। वास्तव में वायुमंडल में उपस्थित जलवाष्प और उक्त गैसें पृथ्वी को ग्रीनहाउस में परिवर्तित करने का प्रयत्न करती हैं। आप जानते हैं कि ग्रीनहाउस काँच से बनी एक संरचना होती है, जिसमें वे पेड़-पौधे लगाए जाते हैं, जिन्हें अधिक मात्रा में गरमी चाहिए। ग्रीनहाउस में सूर्य की किरणों द्वारा गरमी अंदर तो आ जाती है परंतु बाहर जाते समय उसका काफी भाग काँच की दीवारों द्वारा अंदर की ओर परावर्तित हो जाता है। इस कारण ग्रीनहाउस के भीतर का ताप बाहर (खुले वातावरण) के ताप से अधिक हो जाता है। लगभग यही कार्य वायुमंडल में उपस्थित जलवाष्प, कार्बन डाइऑक्साइड,

मीथेन, नाइट्रस ऑक्साइड, ओजोन, क्लोरोफ्लोरोकार्बन आदि गैसें करती हैं। इसीलिए उन्हें 'ग्रीनहाउस गैस' कहा जाता है। इनकी मात्राओं में वृद्धि होने के कारण पृथ्वी के गरम होने की दर भी बढ़ रही है।

ग्रीनहाउस गैसों में प्रथम स्थान जलवाष्प का है। जलवाष्प पृथ्वी-वायुमंडल तंत्र का एक अभिन्न अंग है और सदैव स्वसंतुलित रहता है, परंतु अन्य ग्रीनहाउस गैसों की मात्रा में वृद्धि होने के कारण इसकी 'ग्रीनहाउस कारक क्षमता' भी बढ़ जाती है।

वायुमंडल में कार्बन डाइऑक्साइड की मात्रा संतुलित नहीं रहती। वह मानवजन्य कार्यों से बढ़ रही है। जलवायु के गरमाने की दृष्टि से उसे 'मानक' माना जाता है। मौसम-वैज्ञानिक उसकी विकिरणी क्षमता (ग्रीनहाउस क्षमता) से ही अन्य ग्रीनहाउस गैसों की क्षमताओं की तुलना करते हैं। यदि कार्बन डाइऑक्साइड की विकिरणी क्षमता को 1 मान लिया जाए, तब मीथेन की विकिरणी क्षमता 21 और नाइट्रस ऑक्साइड की 206 होगी। ये बहुत अधिक हैं, परंतु जरा क्लोरो-फ्लोरोकार्बनों की विकिरणी क्षमताओं पर भी गौर कीजिए। उनकी क्षमताएँ कार्बन डाइऑक्साइड की तुलना में 10,000 से लेकर 18,000 गुनी तक हैं। इसीलिए वैज्ञानिक क्लोरोफ्लोरोकार्बनों को लेकर इतने अधिक चिंतित हैं। वे वायुमंडल को अत्यंत तीव्र गति से गरमा रही हैं, किंतु उनके बारे में एक संतोषजनक बात भी है। वह यह कि अब भी वायुमंडल में उनकी मात्रा कार्बन डाइऑक्साइड की तुलना में बहुत कम है। अब भी वायुमंडल में कार्बन डाइऑक्साइड की मात्रा उनसे 70,000 गुनी और मीथेन की तुलना में 120 गुनी अधिक है। इसीलिए वायुमंडल के ताप में वृद्धि करने की दृष्टि से कार्बन डाइऑक्साइड का योग 50 प्रतिशत, क्लोरोफ्लोरोकार्बनों का 25 प्रतिशत, मीथेन का 15 प्रतिशत और नाइट्रस ऑक्साइड का 5 प्रतिशत है।

इस बारे में इस तथ्य पर गौर करना भी युक्तिसंगत होगा कि वायुमंडल में कार्बन डाइऑक्साइड की उपस्थिति के कारण ही पृथ्वी पर जीवन का अस्तित्व है। विज्ञान का एक सामान्य विद्यार्थी भी यह जानता है कि अपना भोजन बनाने के लिए पौधों को कार्बन डाइऑक्साइड अवश्य चाहिए। उसके बिना वे भोजन नहीं बना सकते। सागर के अत्यंत सूक्ष्म पौधे, पादप प्लांक्टन, भी सागर के पानी में घुली कार्बन डाइऑक्साइड का उपयोग करते हैं; परंतु वायुमंडल में कार्बन डाइऑक्साइड की मात्रा के अनावश्यक रूप से बढ़ जाने से अनेक अवांछित प्रभाव उत्पन्न हो रहे हैं। इन प्रभावों में कदाचित् सबसे स्पष्ट और दीर्घगामी है वायुमंडल के ताप में वृद्धि।

ताप में वृद्धि

आज हमारे पास इसके स्पष्ट प्रमाण हैं कि अब से लगभग 20,000 वर्ष पूर्व, अंतिम हिम युग के दौरान, जब वायुमंडल में कार्बन डाइऑक्साइड की मात्रा 190 से 200 भाग प्रति दस लाख भाग थी तब विश्व का औसत ताप वर्तमान ताप से लगभग 9° सै. कम था।

वायुमंडल में ग्रीनहाउस गैसों की मात्रा में वृद्धि होने से वायुमंडल का ताप वास्तव में बढ़ रहा है। उन्नीसवीं सदी से अब तक पूरे विश्व के औसत ताप में लगभग 0.5° सै. की वृद्धि हुई है। सन् 1980 के दशक में विश्व का ताप जितना अधिक हो गया था उतना पहले किसी भी दशक में नहीं हुआ था। इस बारे में चिंताजनक बात यह है कि हर दस वर्ष बाद ताप में वृद्धि की दर भी बढ़ रही है। निकट भविष्य में उसके 0.3 से 0.4° सै. प्रति दशक हो जाने की आशंका है। कुछ वैज्ञानिकों का तो यह अनुमान है कि सन् 2040 तक विश्व के औसत ताप में 0.7 से लेकर 3° सै. तक की वृद्धि हो सकती है। ध्रुवीय प्रदेशों में यह वृद्धि इससे भी अधिक हो सकती है।

वायुमंडल के ताप में वृद्धि होने के प्रभाव केवल दूरगामी ही नहीं, वरन् भयंकर भी हो सकते हैं। जलवायु के गरम हो जाने से वर्षा और हिमपात के पैटर्न बदल सकते हैं, पवन की दिशाएँ परिवर्तित हो सकती हैं तथा चक्रवात जल्दी-जल्दी और अधिक तीव्रता से आ सकते हैं। फलस्वरूप पूरा पारिस्थितिक तंत्र ही बदल सकता है। ताजे पानी की मात्रा में कमी हो सकती है और सागरों का जल स्तर ऊँचा उठ सकता है।

यद्यपि वायुमंडल के गरमाने के प्रभाव पूरी पृथ्वी पर पड़ेंगे परंतु अंटार्कटिक महाद्वीप और अंटार्कटिक महासागर पर उनके सबसे तीव्र, सबसे दीर्घगामी और भयंकरतम होने की आशंका है। अंटार्कटिक महाद्वीप पर जमी बर्फ की चादर के पिघलने की दर में तेजी से वृद्धि हो सकती है। यद्यपि किसी भी व्यक्ति का यह मत नहीं है कि विश्व के ताप में वृद्धि होने से अंटार्कटिक की बर्फ की चादर पूर्ण रूप से पिघल जाएगी परंतु यदि किसी कारण ऐसा हो गया तब संसार के सागरों में जल स्तर लगभग 70 मीटर तक ऊपर उठ सकता है।

वैसे वायुमंडल के ताप में बढ़ोतरी होने के फलस्वरूप उस चादर से असाधारण रूप से विशाल हिमखंडों के टूटकर अलग हो जाने के समाचार आने लगे हैं।

यदि सागर का जल स्तर 70 मीटर ऊपर उठ जाए तो वास्तव में धरती पर प्रलय आ जाएगी। ऐसा हो जाने पर तटों पर बसे अधिकतर शहर और गाँव

जलमग्न हो जाएँगे। करोड़ों हेक्टेयर भूमि पर समुद्री पानी भर जाएगा। इससे केवल फ़सलों को ही भारी हानि नहीं होगी, वरन् करोड़ों लोगों की मृत्यु हो जाने की भी आशंका उत्पन्न हो जाएगी क्योंकि अधिकतर देशों में तटीय प्रदेशों की आबादी बहुत घनी है। ब्राजील जैसे देशों में तो उनकी कुल आबादी का 80 प्रतिशत से अधिक भाग तट पर ही बसा है। हमारे देश में भी तटीय प्रदेशों की आबादी 25 करोड़ से अधिक है।

मालद्वीप, जैसे द्वीप-देश, जिनकी सतह सागर तल से बहुत थोड़ी ही ऊँची है, पूरी तरह जलमग्न हो जाएँगे।

यह तो एक कल्पना थी। वास्तव में सागर का जल-स्तर जलवायु-परिवर्तन के कारण, सूक्ष्म मात्रा में ही सही, धीरे-धीरे ऊपर उठ रहा है। संयुक्त राज्य अमेरिका के पूर्वी तट पर किए गए अध्ययनों से पता चला है कि वहाँ पिछली शताब्दी में सागर का जल-स्तर लगभग एक फुट ऊँचा उठ गया है।

कुछ वैज्ञानिकों का अनुमान है कि यदि जलवायु के गरम होते जाने की वर्तमान दर जारी रही तब सागर का जल-स्तर सन् 2030 तक 20 से.मी. और 2100 तक लगभग 65 से.मी. ऊँचा उठ जाएगा। इससे भी लाखों हेक्टेयर भूमि में सागर का खारा पानी भर जाएगा। उससे वह भूमि बेकार हो जाएगी। साथ ही लाखों घर उजड़ जाएँगे और करोड़ों व्यक्ति बेघर हो जाएँगे।

समझा जाता है कि सागर हर वर्ष 105 अरब टन कार्बन डाइऑक्साइड अवशोषित कर लेते हैं, परंतु वे हर वर्ष उसकी 102 अरब टन मात्रा मुक्त भी कर देते हैं। तीन अरब टन कार्बन डाइऑक्साइड पादप प्लांक्टनों तथा अन्य पौधों द्वारा इस्तेमाल कर ली जाती है, परंतु बाद में सागर के जंतुओं द्वारा साँस के रूप में छोड़ी गई कार्बन डाइऑक्साइड की मात्रा भी लगभग इतनी ही होती है। इस प्रकार सागर और वायुमंडल में कार्बन डाइऑक्साइड का संतुलन बना रहता है।

पानी में कार्बन डाइऑक्साइड की घुलनशीलता उसके ताप पर निर्भर होती है। पानी का ताप बढ़ जाने से वह कम हो जाती है और उसके ठंडा होते जाने पर वह बढ़ जाती है।

जलवायु के गरम होते जाने का प्रभाव सागरों के पानी के ताप पर पड़ता है। वह गरम होने लगता है। इससे कार्बन डाइऑक्साइड घोलने की उसकी क्षमता कम हो जाएगी। इसका असर सागर के जंतुओं पर भी पड़ेगा। हो सकता है कि उनमें अवांछित उत्परिवर्तन हो जाएँ जिससे उनकी नस्लें ही बदल जाएँ।

अंटार्कटिक की जलवायु पर प्रभाव

वैज्ञानिकों द्वारा हाल ही में किए गए अध्ययनों से यह ज्ञात हुआ है कि पिछले कुछ वर्षों से स्वयं अंटार्कटिक महाद्वीप की जलवायु गरम होती जा रही है। अंटार्कटिक प्राय:द्वीप की वायु का ताप गरमी की ऋतु में पिछले पचास वर्षों की तुलना में लगभग 2° सै. तक बढ़ जाता है। आश्चर्य की बात यह है कि वहाँ शीत ऋतु भी 'अधिक गरम' होने लगी है। उस समय ताप पिछली अर्द्धशताब्दी की तुलना में लगभग 5.5° सै. अधिक हो जाता है। वैसे संपूर्ण अंटार्कटिक महाद्वीप के औसत ताप में पिछले पचास वर्षों में लगभग एक डिग्री की वृद्धि हुई है।

अंटार्कटिक महाद्वीप और अंटार्कटिक महासागर की जलवायु के गरमाते जाने के प्रभाव अब महाद्वीप की भौतिक संरचना पर स्पष्ट होने लगे हैं। कुछ वर्ष पहले लारसन-ए तथा कुछ अन्य उत्तरी शेल्फ बर्फ के पिघल जाने के कारण महाद्वीप से टूटकर अलग हो गए थे। मार्च 2002 में लारसन-बी इसी प्रकार अलग हो गया और लारसन-सी के अलग होने के संकेत मिलने लगे हैं।

अब अंटार्कटिक प्राय:द्वीप के उत्तरी तट पर सर्दियों के दिनों में जमनेवाली बर्फ की मात्रा काफी कम हो गई है। इससे वहाँ उस शैवाल का उत्पादन घट गया है जो क्रिल का मुख्य भोजन है। इससे क्रिल की आबादी के एकदम घट जाने के आसार प्रकट होने लगे हैं। क्रिल की आबादी के कम हो जाने के कुप्रभाव ह्वेल, सील, पेंग्विन आदि की भी आबादियों पर पड़ने लगे हैं। वे भी भोजन की कमी के फलस्वरूप घटने लगी हैं।

क्रिल की आबादी घट जाने से ऐडली और चिनस्ट्रॉप, दोनों किस्म के पेंग्विन प्रभावित हुए हैं, क्योंकि अपने प्रजनन काल में इनका भोजन लगभग पूर्णत: क्रिल तक ही सीमित हो जाता है।

वैसे इन पेंग्विनों पर अंटार्कटिक प्राय:द्वीप की जलवायु के गरमाते जाने के प्रभाव अन्य प्रकार से भी पड़ रहे हैं। अब पामर केंद्र के निकट चिनस्ट्रॉप पेंग्विन उन क्षेत्रों में प्रवेश कर रहे हैं जहाँ एक समय ऐडली प्रजनन करते थे। ऐडली और अधिक दक्षिण की ओर चले गए हैं। वहाँ जलवायु के गरमाने के फलस्वरूप बर्फ की चादर में दरारें पड़ गई हैं। ऐडली इन दरारों में घुसकर अधिक भोजन प्राप्त कर सकते हैं।

□

7

संरक्षण के उपाय : अंटार्कटिक संधि

अंटार्कटिक सबसे अलग और सबसे विलक्षण महाद्वीप है। अन्य महाद्वीपों से एकदम अलग-थलग स्थित होने के बाद भी वह उनकी जलवायु को काफी हद तक प्रभावित करता है। उसपर घटनेवाली अनेक छोटी-बड़ी प्राकृतिक घटनाएँ अन्य महाद्वीपों को भी प्रभावित करती हैं। इसी महत्त्व को ध्यान में रखकर अंतरराष्ट्रीय भूभौतिक वर्ष के दौरान वहाँ भी अनेक उल्लेखनीय वैज्ञानिक प्रयोग और अध्ययन किए गए थे।

31 दिसंबर, 1958 को अंतरराष्ट्रीय भूभौतिक वर्ष का औपचारिक रूप से समापन हो गया। वह तीव्र राजनीतिक प्रतिस्पर्धा और मतभेद रखनेवाले देशों के बीच सौहार्द और सहयोग का अनूठा उदाहरण था। उस दौरान अनेक देशों के वैज्ञानिकों ने बिना किसी मतभेद और दुर्भावना के आपस में मिल-जुलकर अनेक ऐसे युग-परिवर्तनकारी अध्ययन और प्रयोग किए जैसे पहले कभी भी मानव इतिहास में नहीं किए गए थे। ये संपूर्ण मानव-जाति के लिए अत्यंत कल्याणकारी थे। अंतरराष्ट्रीय भूभौतिक वर्ष ने अंटार्कटिक महाद्वीप को 'अंतरराष्ट्रीय विज्ञान प्रदेश' बना दिया।

वैसे सन् 1958 के आरंभ में ही वैज्ञानिक अंटार्कटिक में किए जा रहे अध्ययनों और प्रयोगों से इतने संतुष्ट हो गए थे कि वे उन्हें अंतरराष्ट्रीय भूभौतिक वर्ष के बाद भी जारी रखना चाहते थे। इसलिए वैज्ञानिक यूनियनों की अंतरराष्ट्रीय परिषद् (इंटरनेशनल कौंसिल ऑफ साइंटिफिक यूनियंस) ने अंटार्कटिक अनुसंधान हेतु एक विशेष समिति का गठन किया। इस समिति का उद्देश्य सन् 1958 के बाद भी अंटार्कटिक में उसी सौहार्दपूर्ण वातावरण, जो अंतरराष्ट्रीय भूभौतिक वर्ष के दौरान उत्पन्न हुआ था, में वैज्ञानिक अध्ययन और प्रयोग जारी रखने हेतु एक

विस्तृत कार्यक्रम तैयार करना और उसे कार्यान्वित कराना था। साथ ही, इन अध्ययनों और प्रयोगों को भूभौतिकी के क्षेत्र तक ही सीमित न रखकर अन्य क्षेत्रों तक फैलाना भी था।

जैसा आप पढ़ चुके हैं, सन् 1961 में, उक्त विशेष समिति का नामकरण 'अंटार्कटिक अनुसंधान वैज्ञानिक समिति' कर दिया गया। साथ ही यह भी निश्चय किया गया कि अंटार्कटिक में किए जा रहे अनुसंधान कार्यों में समन्वय बनाए रखने और उन्हें निरंतर प्रोत्साहित करने हेतु इस समिति की बैठक हर वर्ष आयोजित की जाए।

इस समिति ने वैज्ञानिक कार्यों के लिए विश्व मौसम संगठन, अंतरराष्ट्रीय दूरसंचार यूनियन आदि अंतरराष्ट्रीय संस्थाओं की सलाह और मदद लेने का निर्णय लिया। इस प्रकार वैज्ञानिकों और अनुसंधान कार्यों में उन्हें संभार सुविधाएँ (लॉजिस्टिक्स) प्रदान करने में सक्षम व्यक्तियों के बीच सौहार्दपूर्ण संबंध स्थापित हो गया।

अंतरराष्ट्रीय भूभौतिक वर्ष के औपचारिक समापन से पहले ही अधिकतर देशों के वैज्ञानिकों को यह चिंता सताने लगी थी कि क्या इस वर्ष के समापन के बाद अंटार्कटिक महाद्वीप में 'सन् 1945 की स्थिति' लौट आएगी ?

सन् 1945 से 1956 के बीच की अवधि में अनेक देशों ने अंटार्कटिक के विभिन्न भागों पर अपने कब्जे के दावे पेश किए थे और वे उनपर विश्व के अन्य क्षेत्रों की भाँति हर प्रकार की कारवाइयाँ, जिनमें सैन्य कारवाइयाँ भी शामिल थीं, करने को उतारू थे। ज्ञातव्य है कि सन् 1945 से पहले अंटार्कटिक के विभिन्न भागों पर अपना दावा पेश करनेवाले सात देशों में अर्जेंटाइन, ऑस्ट्रेलिया, चिली, नॉर्वे, न्यूजीलैंड, ब्रिटेन और फ्रांस शामिल थे। जैसा आप पढ़ चुके हैं, अनेक बार एक ही क्षेत्र के बारे में दो या तीन देशों ने अपने दावे पेश किए थे तथा अन्य अनेक देशों ने इनके आपसी झगड़ों को निपटाने के प्रयास भी किए थे।

वैज्ञानिकों को भय था कि अगर अंटार्कटिक में सन् 1956 के पहले की स्थिति वापस आ गई तब वह भी वैसे ही प्रदूषित हो जाएगा जैसे पृथ्वी के अन्य अनेक क्षेत्र। साथ ही उसपर सैन्य तथा अन्य विनाशकारी कारवाइयाँ आरंभ हो जाएँगी और वह भी विभिन्न देशों की राजनीतिक प्रतिस्पर्द्धा का अखाड़ा मात्र बनकर रह जाएगा। उस समय राजनीतिज्ञ भी, विशेष रूप से संयुक्त राज्य अमेरिका और सोवियत रूस के शासक, अंटार्कटिक पर गंभीरता से विचार कर रहे थे। यद्यपि इन दोनों ने अंटार्कटिक की खोज में और वहाँ किए गए वैज्ञानिक अध्ययनों एवं

प्रयोगों में बढ़-चढ़कर हिस्सा लिया था, परंतु इनमें से किसी ने भी अंटार्कटिक की भूमि पर अपने कब्जे का दावा पेश नहीं किया था। वे अंटार्कटिक में वही स्थिति बनाए रखना चाहते थे जो अंतरराष्ट्रीय भूभौतिक वर्ष के दौरान विद्यमान थी।

अंटार्कटिक क्षेत्र को मात्र वैज्ञानिक अनुसंधानों के लिए संरक्षित रखने और शांतिपूर्ण क्षेत्र बनाए रखने हेतु पहल संयुक्त राज्य अमेरिका ने की। उसने अंतरराष्ट्रीय भूभौतिक वर्ष के दौरान ही 2 मई, 1958 को उन बारह देशों, जिन्होंने अंतरराष्ट्रीय भूभौतिक वर्ष के दौरान वैज्ञानिक अध्ययनों में भाग लिया था, के समक्ष एक ऐसी संधि का प्रस्ताव रख दिया था जिसके अंतर्गत यह सुझाया गया था कि अंटार्कटिक को वैज्ञानिक अध्ययनों हेतु एक 'अंतरराष्ट्रीय प्रयोगशाला' की भाँति प्रयुक्त किया जाए और महाद्वीप का उपयोग केवल शांतिपूर्ण उद्देश्यों के लिए किया जाए। ये देश थे अर्जेंटाइन, ऑस्ट्रेलिया, चिली, जापान, नॉर्वे, न्यूजीलैंड, दक्षिण अफ्रीका, ब्रिटेन, बेल्जियम, फ्रांस और सोवियत रूस।

अंटार्कटिक संधि

अनेक महीनों तक चलीं गंभीर और गोपनीय वार्त्ताओं के बाद अक्तूबर 1959 में वाशिंगटन में एक अंतरराष्ट्रीय सम्मेलन आयोजित किया गया। उस सम्मेलन में काफी वाद-विवाद के बाद 1 दिसंबर, 1959 को सभी सदस्य देशों ने संधि पर हस्ताक्षर कर दिए। इस संधि को अनुसमर्थित करनेवाला प्रथम देश था जापान। उसने यह संधि 4 अगस्त, 1960 को अनुसमर्थित कर दी थी। वैसे यह संधि 23 जून, 1961 से लागू हुई। हमें यह नहीं भूलना चाहिए कि इस संधि का संबंध एक ऐसे प्रदेश से है, जो अपनी दूरी, निर्जनता तथा अन्य अनेक लक्षणों में पृथ्वी के अन्य क्षेत्रों से एकदम भिन्न है। इसलिए इस संधि के एक अनूठे दस्तावेज होने का अनुमान सहज ही लगाया जा सकता है। इस संधि का मसौदा तैयार करते समय यह बात भली-भाँति ध्यान में रखी गई थी कि इसके प्रावधानों को कार्यान्वित करने हेतु सदस्य देशों के बीच अत्यधिक सहयोग और समन्वय की आवश्यकता होगी।

यह संधि 'विनम्र और सीमित होने के साथ-साथ साहसिक और कल्पनाशील भी है।' यह 'अत्यंत तीव्र मतभेद रखनेवाले देशों के बीच सहयोग की भावना उत्पन्न कराने का एक विलक्षण प्रयास है।' यह संधि अंटार्कटिक की हर समस्या का समाधान प्रस्तुत नहीं करती परंतु उन समस्याओं की चर्चा ही नहीं करती जिनका हल ढूँढ़ा नहीं जा सकता।

इसका मसौदा उस समय तैयार किया गया था जब दो महाशक्तियों के बीच शीतयुद्ध अपनी चरम सीमा पर था। इसलिए वह दो बातों में विशेष रूप से सफल रही है। ये हैं अंटार्कटिक महाद्वीप को नाभिकीय अस्त्रों सहित सब सैनिक काररवाइयों से एकदम मुक्त रखना और सात देशों को अंटार्कटिक के भूभागों पर अपने दावों को संधि लागू होने के बाद कम-से-कम तीस वर्षों तक पेश नहीं करने देने हेतु राजी करना।

संधि में दो उद्देशिकाएँ (प्रिएंबल) और चौदह धाराएँ हैं।

अंटार्कटिक संधि प्रशासनिक रूप से ही नहीं वरन् वैज्ञानिक दृष्टि से भी, सराहनीय रूप से अमल में लाई जा रही है।

इस संधि के मुख्य उद्देश्य हैं—

1. अंटार्कटिक महाद्वीप का उपयोग केवल शांतिपूर्ण उद्देश्यों के लिए ही करना,
2. अंटार्कटिक महाद्वीप में सब देशों को वैज्ञानिक अध्ययनों और प्रयोगों की सुविधाएँ प्रदान करना,
3. अंतरराष्ट्रीय वैज्ञानिक सहयोग को बढ़ावा देना,
4. वहाँ किए जा रहे अध्ययनों के निरंतर निरीक्षण की सुविधाएँ प्रदान करना,
5. अंटार्कटिक महाद्वीप के भूभागों पर किए जानेवाले दावों को निपटाना, और
6. अंटार्कटिक के पर्यावरण और जैव संपदा को परिरक्षित तथा संरक्षित रखना।

अंटार्कटिक संधि के प्रावधानों को कार्यान्वित करने का जो तरीका अपनाया गया उसे आमतौर से 'परामर्शक तरीका' कहा जाता है और संधि के सदस्य देशों को 'परामर्शक पार्टी'। वे सब देश, जिन्होंने आरंभ में संधि का मसौदा तैयार किया था, स्वयं परामर्शक पार्टी बन गए। ये देश हैं अर्जेंटाइन, ऑस्ट्रेलिया, चिली, ब्रिटेन, जापान, नॉर्वे, न्यूजीलैंड, फ्रांस, बेल्जियम, दक्षिण अफ्रीका, संयुक्त राज्य अमेरिका और सोवियत रूस। ये सब देश संधि के आरंभिक परामर्शक सदस्य हैं।

अंटार्कटिक संधि के अनुसार, अंटार्कटिक से संबंधित सभी मामलों के निर्णय परामर्शक सदस्यों की बैठक में ही लिये जाते हैं। साथ ही यह संधि संयुक्त राष्ट्र चार्टर में उल्लिखित सिद्धांतों के अनुसार अंटार्कटिक को शांतिपूर्ण प्रयोजनों हेतु इस्तेमाल करने के कार्यों को सुनिश्चित करती है।

प्रथम दृष्टि में कुछ लोगों को यह भ्रम उत्पन्न हो गया था कि अंटार्कटिक संधि ने कुछ देशों का एक ऐसा 'अनन्य गुट' (एक्सक्लूसिव क्लब) बना दिया था जिसमें अन्य देश शामिल ही नहीं हो सकते थे, पर वास्तविकता ऐसी नहीं थी। यद्यपि संधि का मसौदा तैयार करनेवाले सदस्य देश अपने आप ही संधि की परामर्शक पार्टी बन गए, परंतु संधि के प्रावधानों के अनुसार कोई भी अन्य सदस्य यदि अंटार्कटिक में वैज्ञानिक क्षेत्र में किए गए अपने कार्यों द्वारा लगातार रुचि दरशाता है तब वह देश भी परामर्शक पार्टी का दर्जा हासिल कर सकता है। इन वैज्ञानिक कार्यों में अंटार्कटिक महाद्वीप पर स्थायी वैज्ञानिक केंद्रों की स्थापना, वैज्ञानिक अभियानों का आयोजन आदि भी शामिल हैं। इस प्रकार के कार्यों की समीक्षा अंटार्कटिक संधि परामर्शक समिति द्वारा की जाती है। उस समिति द्वारा सिफारिश किए जाने पर ही किसी देश को परामर्शक पार्टी का दर्जा दिया जाता है।

भारत ने अंटार्कटिक संधि पर 19 अगस्त, 1983 को हस्ताक्षर किए और 12 सितंबर, 1983 को उसे परामर्शक पार्टी का दर्जा प्राप्त हो गया। उस समय तक भारत दो अंटार्कटिक अभियान आयोजित कर चुका था। उसने अंटार्कटिक महाद्वीप में एक स्थायी वैज्ञानिक केंद्र 'दक्षिण गंगोत्री' भी स्थापित कर लिया था।

अब तक चौवालीस देश इस संधि के परामर्शक सदस्य बन चुके हैं। अब तक सभी सदस्य देश संधि के प्रावधानों के अनुसार ही कार्य करते रहे हैं। उन्होंने सदैव आपस में सहयोग बनाए रखकर सौहार्दपूर्ण वातावरण में कार्य किया है और कोई ऐसा कार्य नहीं किया, जिससे आपसी मतभेद उत्पन्न हों।

अंटार्कटिक संधि का घनिष्ठ संबंध स्कार (SCAR) तथा अन्य अंतरराष्ट्रीय वैज्ञानिक संगठनों से है। वे सब आपसी सहयोग से कार्य करते हैं।

यद्यपि अंटार्कटिक संधि का कार्यक्षेत्र 60° दक्षिण अक्षांश से लेकर दक्षिण ध्रुव तक फैला है, परंतु 'स्कार' का कार्यक्षेत्र अंटार्कटिक संधि के कार्यक्षेत्र से कहीं बड़ा है। वह अंटार्कटिक महाद्वीप तक ही सीमित न रहकर अंटार्कटिक अभिसरण क्षेत्र तक फैला हुआ है। उसमें अभिसरण क्षेत्र के उत्तर में स्थित कुछ द्वीप भी शामिल हैं।

वैज्ञानिक कार्यक्रम

यहाँ यह बता देना युक्तिसंगत होगा कि 'स्कार' स्वयं किसी भी वैज्ञानिक कार्यक्रम को कार्यान्वित नहीं करती। वास्तव में अंटार्कटिक महाद्वीप पर किए

जानेवाले सभी कार्य सदस्य देश स्वयं करते हैं और वे ही इस कार्य के संपूर्ण व्यय का वहन करते हैं।

अंटार्कटिक संधि के अंतर्गत वैज्ञानिक अनुसंधान कार्यक्रम को संक्षेप में निम्नलिखित भागों में वर्गीकृत किया जा सकता है—

समुद्री अध्ययन : इस क्षेत्र में अंटार्कटिक महासागर के भूवैज्ञानिक और जैव-संपदा संबंधी अध्ययन शामिल हैं। जीव-वैज्ञानिकों ने अंटार्कटिक सागर के जीव-जंतुओं के बारे में काफी जानकारियाँ हासिल कर ली हैं। अब विभिन्न प्रजातियों के बीच अंत:क्रियाओं, उनके वितरण, प्रचुरता और पर्यावरण के प्रति अनुकूलता आदि के बारे में अध्ययन किए जा रहे हैं।

हिमनदी विज्ञान : पृथ्वी पर उपस्थित कुल हिमनदियों में से लगभग 90 प्रतिशत अकेले अंटार्कटिक महाद्वीप पर उपस्थित हैं। आजकल वैज्ञानिक अंटार्कटिक महाद्वीप की बर्फ की चादर की संरचना और उसके गति करने के गुणों का अध्ययन कर रहे हैं। इसके लिए वे आइसकोरिंग और समस्थानिक विश्लेषण आदि तकनीकों का उपयोग कर रहे हैं। इन तकनीकों की मदद से उन्हें अंटार्कटिक की अब से हजारों-लाखों वर्ष पूर्व की परिस्थितियों का कुछ आभास हो गया है।

वायुमंडलीय विज्ञान : एक ही समय में वायुमंडल के विभिन्न भागों में भिन्न-भिन्न घटनाएँ होती रहती हैं, पर ये घटनाएँ एक-दूसरे को प्रभावित भी करती रहती हैं। वैज्ञानिक अंटार्कटिक के वायुमंडल में होनेवाली इन घटनाओं के, उनकी आपस में तथा सागर के साथ होनेवाली प्रतिक्रियाओं के तथा विश्व के अन्य भागों की जलवायु पर पड़नेवाले प्रभावों का अध्ययन कर रहे हैं। अन्य महाद्वीपों से एकदम अलग-थलग होने तथा एकदम निर्जन प्रदेश होने के कारण अंटार्कटिक पर मानवजन्य वायुमंडलीय प्रदूषण तथा अन्य क्रियाकलापों के बहुत कम प्रभाव पड़ते हैं। इसलिए वह वायुमंडल में एयरोसोलों तथा वर्षा/हिमपात करनेवाले कारकों की गतिविधियों के तथा वायुमंडल में अल्प मात्राओं में उपस्थित गैसों के प्रभावों के अध्ययन करने के लिए बहुत उपयुक्त क्षेत्र है। अंटार्कटिक के उच्च वायुमंडल में भू-चुंबकत्व, कॉस्मिक किरण, ध्रुवीय ज्योति आदि के अध्ययन भी किए जा रहे हैं।

भू-विज्ञान : अंटार्कटिक महाद्वीप और उसको घेरे हुए महासागर में वैज्ञानिक, भू-रसायन, भू-गणित, भूकंप-विज्ञान, गुरुत्वमिति तथा जीवाश्मों से संबंधित अध्ययन कर रहे हैं।

बैक्टीरिया और चिकित्सा-विज्ञान संबंधी अध्ययन : अंटार्कटिक महाद्वीप

पर वृक्ष, झाड़ियाँ आदि कुछ नहीं उगतीं। वहाँ तो चट्टानों के नीचे शैवाल, लाइकेन आदि, एकदम प्राथमिक पौधे, ही उगते हैं। साथ ही, महाद्वीप पर जंतु के नाम पर केवल कुछ कीड़े ही पाए जाते हैं।

अंटार्कटिक महाद्वीप में जीव-वैज्ञानिक उन प्राथमिक पौधों, यथा शैवाल, लाइकेन आदि, तथा कीड़ों के अध्ययन करते हैं जो वहाँ पैदा होते हैं। वैज्ञानिक इतने ठंडे वातावरण में उनके जीवित रहने और वंश-वृद्धि करने की क्षमताओं के अध्ययन के साथ-साथ उनपर मनुष्यों के आने-जाने से पड़नेवाले प्रभावों के अध्ययन भी कर रहे हैं।

चिकित्सकों के अध्ययन का मुख्य केंद्र अंटार्कटिक परिस्थितियों में मनुष्य के स्वास्थ्य और व्यवहार पर पड़नेवाले प्रभाव हैं।

संरक्षण के उपाय

जैव संपदा : अंटार्कटिक संधि परामर्शक समिति अपनी पहली बैठक से ही अनियंत्रित शिकार से अंटार्कटिक के जीवों की रक्षा करने के उपायों पर चर्चा करती रही है। आरंभ में उसने अंटार्कटिक महासागर की फर और रॉस सीलों के संरक्षण हेतु कुछ सिफारिशें कीं जिन्हें बाद में, जून 1972 के विशेष सम्मेलन में, एक समझौते (कन्वेंशन) में बदल दिया गया।

इसके अंतर्गत 60° दक्षिण अक्षांश के दक्षिण में स्थित अंटार्कटिक महासागर में सीलों के संरक्षण, उनके वैज्ञानिक अध्ययन, विभिन्न ऋतुओं में उनके अधिकतम शिकार की सीमा आदि के संबंध में स्पष्ट निर्देश दिए गए। यह समझौता सन् 1978 से लागू हो गया है। इससे सीलों का अनियंत्रित शिकार बहुत कम हो गया है।

अंटार्कटिक की जैव संपदा के संरक्षण के उपायों पर विचार करते समय समिति के समक्ष यह तथ्य उभरकर सामने आया कि अंटार्कटिक पारिस्थितिकी तंत्र का मुख्य आधार क्रिल है। अंटार्कटिक महासागर के अधिकतर जंतु अपने भोजन के लिए उसी पर निर्भर रहते हैं, परंतु 1970 के दशक के मध्य तक अनेक देश, विशेष रूप से जापान और सोवियत संघ, क्रिल को मानव भोजन में प्रोटीन के स्रोत के रूप में इस्तेमाल करने हेतु उनका बड़े पैमाने पर शिकार करने लगे थे। इससे उनकी आबादी तेजी से घटने लगी थी। अतएव क्रिल और अन्य जंतुओं के संरक्षण हेतु अंटार्कटिक संधि के परामर्शक देशों ने अप्रैल 1982 में आपस में एक समझौता किया। यह समझौता—'अंटार्कटिक समुद्री जैव स्रोत समझौता'—क्रिल के संरक्षण पर आधारित है।

भारत ने भी इस समझौते को सन् 1985 में स्वीकार कर लिया। इसे भारत द्वारा स्वीकार करने में इतनी देरी होने का कारण यह था कि भारत अंटार्कटिक संधि परामर्शक समिति का सदस्य काफी बाद में (सन् 1983 में) बना था।

इस समझौते के अनुसार, अंटार्कटिक जैव संपदा के संरक्षण के लिए एक अंतरसरकारी स्थायी आयोग, एक वैज्ञानिक समिति और एक स्थायी कार्यालय स्थापित किया गया। स्थायी आयोग के कार्यक्षेत्र में अंटार्कटिक जैव संपदा पर अनुसंधान करना, संरक्षण संबंधी उपायों को लागू करना, उनमें समय-समय पर आवश्यकतानुसार संशोधन करना तथा जैव संपदा के पर्यवेक्षण, निरीक्षण आदि की व्यवस्था करना शामिल है।

इस समझौते का क्षेत्र 60° दक्षिण अक्षांश के दक्षिण तक ही सीमित नहीं है वरन् इसका विस्तार उत्तर में अंटार्कटिक अभिसरण क्षेत्र के निकट स्थित देशों की सीमाओं तक भी फैला हुआ है। इसका कारण यह है कि अंटार्कटिक महासागर के प्रवास-यात्राएँ करनेवाले जीव-जंतु अंटार्कटिक अभिसरण क्षेत्र के उत्तर में भी चले जाते हैं।

अंटार्कटिक संधि परामर्शक समिति ने अंटार्कटिक की जैव संपदा के संरक्षण हेतु उक्त समझौतों के अतिरिक्त अन्य उपाय भी किए हैं। उसने पेंग्विन, सील, पक्षियों तथा अन्य जीवों की सुरक्षा के लिए अंटार्कटिक महाद्वीप और अंटार्कटिक महासागर के अनेक क्षेत्रों को विशेष संरक्षण क्षेत्र (स्पेशली प्रोटेक्टेड एरिया) घोषित किया है। इन क्षेत्रों में ऐसी कोई काररवाई नहीं की जा सकती जिससे संरक्षित जंतुओं को हानि पहुँचने की आशंका हो। इनमें कोई अस्थायी या स्थायी इमारत नहीं बनाई जा सकती है। इनमें जाने की अनुमति भी हर व्यक्ति को नहीं है। यहाँ केवल वे ही व्यक्ति जा सकते हैं जो जीव विशेष का वैज्ञानिक अध्ययन करना चाहते हैं।

खनिज संपदा : अंटार्कटिक महाद्वीप प्राचीन काल में उसी गोंडवानालैंड का हिस्सा था, जिसके टूटने से अफ्रीका, दक्षिण अमेरिका, भारतीय प्राय:द्वीप और ऑस्ट्रेलिया बने। इसीलिए अंटार्कटिक के अनेक भागों की भूवैज्ञानिक संरचना इन महाद्वीपों की संरचना के सदृश है। इसी आधार पर वैज्ञानिकों ने यह अनुमान लगाया है कि अंटार्कटिक में 900 से अधिक खनिजों के बड़े-बड़े भंडार होने चाहिए परंतु इन भंडारों में से लगभग 20 ही अंटार्कटिक के उस भाग में मौजूद हो सकते हैं जो बर्फमुक्त रहता है। वैसे अभी तक केवल दो—प्रिंस चार्ल्स पर्वत में स्थित लौह खनिज भंडार और ट्रासअंटार्कटिक पर्वत में स्थित कोयला भंडार—ही

ऐसे हैं, जिनकी खोज हो पाई है।

अंटार्कटिक क्षेत्र की खनिज संपदा के संरक्षण हेतु जैव संपदा संरक्षण समझौते जैसे उपाय करना संभव नहीं है। इसके अनेक कारण हैं। खनिज भंडार सीमित होते हैं अर्थात् हर भंडार में खनिजों की मात्रा सीमित होती है और उनकी स्थिति अपरिवर्तनीय होती है। जीव-जंतुओं के विपरीत, जो उपयुक्त सुविधाएँ मिल जाने पर अपनी संख्या में तेजी से वृद्धि कर लेते हैं, खनिज अपनी मात्राओं को नहीं बढ़ा सकते और न ही वे जंतुओं की भाँति अपने 'निवास-स्थल' में परिवर्तन कर सकते हैं। इनके अतिरिक्त भूगर्भ में दबे खनिजों को निकालने के लिए उपयुक्त मशीनों और तकनीकों की तथा काफी संख्या में प्रशिक्षित कर्मियों की जरूरत होती है। इन सबका सीधा संबंध पूँजी से, उस भूमि से, जिससे खनिज निकाले जाने हैं, कानूनी अधिकारों तथा मशीनों और कर्मचारियों की सुरक्षा से भी होता है।

वैसे अंटार्कटिक महाद्वीप के संभावित खनिजों पर सबसे पहले सन् 1970 में विचार किया गया था। उसके बाद अनेक बार उनको निकालने आदि की तकनीकों पर गंभीर विचार किया गया। इनसे यह बात उभरकर सामने आई कि खनिज निकालने की वर्तमान ज्ञात तकनीकें अंटार्कटिक क्षेत्र के लिए उपयुक्त नहीं हैं।

अंटार्कटिक संधि के सदस्य देशों की सन् 1991 में हुई एक बैठक में यह निश्चय किया गया कि अंटार्कटिक महाद्वीप में खनिज निकालने का कार्य सन् 2048 तक न किया जाए।

□

8

भारतीय अंटार्कटिक अभियान

अंटार्कटिक भारत के लिए बहुत महत्त्वपूर्ण है। उसके और भारत के बीच केवल सागर स्थित है। वह सागर उसे भारत से अलग नहीं करता वरन् जोड़ता है। भारत के संबंध में अनेक ऐसे तथ्य हैं, जिन्हें भली-भाँति समझने के लिए हमें अंटार्कटिक महाद्वीप का अध्ययन करना जरूरी है। उदाहरण के लिए, हिमालय पर्वत की बर्फ को ही लीजिए। हिमालय के निरंतर ऊपर उठते रहने से वहाँ उसका हर पहलू से अध्ययन नहीं किया जा सकता। इसके विपरीत अंटार्कटिक महाद्वीप पर बर्फ की चादर स्थायी अवस्था में है और केवल जलवायु में परिवर्तन के फलस्वरूप ही प्रभावित होती है। भारत और अंटार्कटिक के कभी एक ही भूखंड के हिस्से होने के कारण अंटार्कटिक की बर्फ की चादर को हिमालय के 'बर्फ स्तंभ का दक्षिणतम संदर्भ बिंदु' माना जा सकता है।

भारत की अर्थव्यवस्था को अत्यधिक प्रभावित करनेवाले मानसून का अंटार्कटिक के मौसम के साथ घनिष्ठ संबंध है। अध्ययनों में पाया गया है कि जिस वर्ष अंटार्कटिक का मौसम अधिक सर्द रहता है उस वर्ष गरमी का मानसून भारत में अधिक वर्षा करता हैं।

हिंद महासागर, जो भारत के लिए अत्यधिक महत्त्वपूर्ण है, भी अंटार्कटिक महासागर से ऊर्जा और उत्पादकता प्राप्त करता है।

यद्यपि सन् 1950 के दशक में भारतीय वैज्ञानिकों को अंटार्कटिक महाद्वीप के बारे में इतनी जानकारी नहीं थी जितनी आज है, फिर भी पूरे विश्व के लिए अंटार्कटिक के प्राकृतिक वातावरण को अक्षुण्ण बनाए रखने के उद्देश्य से भारतीय प्रतिनिधि ने 19 फरवरी, 1956 को संयुक्त राष्ट्र महासभा में एक प्रस्ताव प्रस्तुत किया था। उसमें भारत ने अंटार्कटिक के प्राकृतिक स्रोतों के विकास हेतु एक

अंतरराष्ट्रीय समझौते की पेशकश की थी।

चिली और अर्जेंटाइन जैसे देशों के विरोध करने पर तथा संयुक्त राज्य अमेरिका और ब्रिटेन से समर्थन न मिलने के कारण इस प्रस्ताव को वापस लेना पड़ा था। इसके बाद सन् 1958 में भी भारत ने संयुक्त राष्ट्र महासभा में इसी प्रकार का एक प्रस्ताव पेश करने की कोशिश की थी पर उस समय तक विभिन्न देशों के बीच अंटार्कटिक संधि संबंधी वार्त्ताएँ चालू हो गई थीं। इसलिए तब भी प्रस्ताव को वापस लेना पड़ा।

सन् 1981 में भारतीय अभियान दलों के नियमित रूप से, प्रति वर्ष अंटार्कटिक जाने की परंपरा आरंभ होने के पूर्व भी—भारतीय वैज्ञानिक अंटार्कटिक महाद्वीप जाते रहते थे और वहाँ प्रयोग करते रहते थे। निश्चय ही वे लोग व्यक्तिगत रूप से, किसी विदेशी अंटार्कटिक अभियान में शामिल होकर, वहाँ जाते थे। इस प्रकार अंटार्कटिक जानेवाले भारतीयों में सन् 1960-61 के ऑस्ट्रेलियन अभियान में भारतीय निरीक्षक के रूप में गए लेफ्टिनेंट रामचरण तथा सन् 1965-66 में सोवियत संघ के सत्रहवें अभियान के साथ गए भौतिक अनुसंधान प्रयोगशाला, अहमदाबाद के डॉ. परमजीत सिंह प्रमुख थे। डॉ. परमजीत सिंह ऐसे प्रथम भारतीय थे, जिन्होंने अंटार्कटिक में जाड़े की पूरी ऋतु बिताई थी। डॉ. जी.एस. सिरोही दक्षिण ध्रुव पर पहुँचनेवाले प्रथम भारतीय थे।

अभियानों की शृंखला

यद्यपि अंतरराष्ट्रीय स्तर पर अंटार्कटिक को केवल वैज्ञानिक अध्ययनों और शांतिपूर्ण उद्देश्यों के लिए आरक्षित रखने के उद्देश्य से संयुक्त राष्ट्र महासभा में भारत द्वारा पेश किए गए आरंभिक प्रस्ताव पारित नहीं हो पाए परंतु इससे भारत हतोत्साहित नहीं हुआ। अंटार्कटिक में उसके वैज्ञानिकों और नेताओं की रुचि बराबर बनी रही। तत्कालीन प्रधानमंत्री श्रीमती इंदिरा गांधी की प्रेरणा के फलस्वरूप, सावधानीपूर्वक लंबे समय तक योजना बनाने और तैयारी करने के बाद, 6 दिसंबर, 1981 को प्रथम भारतीय वैज्ञानिक अभियान दल अंटार्कटिक महाद्वीप के लिए रवाना हुआ। 'प्रथम गंगोत्री अभियान' के शुभ नाम से प्रसिद्ध इस अभियान दल के नेता थे प्रसिद्ध सागर-वैज्ञानिक डॉ. सैयद जहूर कासिम। इस अभियान दल के सदस्यों की संख्या 21 थी। ये भारत की सात भिन्न-भिन्न वैज्ञानिक संस्थाओं से थे। उनमें सागर-वैज्ञानिक, मौसम-वैज्ञानिक, जीव-शास्त्री, भूवैज्ञानिक, भूभौतिक-शास्त्री, रेडियो संचार विशेषज्ञ तथा नौसेना अधिकारी शामिल थे। अभियान आरंभ

होने से पहले इन्हें हिमालयी क्षेत्र में शीत तथा अंटार्कटिक की संभावित परिस्थितियों के प्रति कठोर अनुकूलन प्रशिक्षण दिया गया था।

भारत के पास अपना बर्फ-भंजक जलयान न होने के कारण इस दल को अपनी यात्रा के लिए नॉर्वे के एक विशेष जलयान 'एम.वी. पोलर सर्किल' का उपयोग करना पड़ा था। यह दल 11,000 कि.मी. की दूरी तय करके 9 जनवरी, 1982 को मध्य रात्रि के तीस मिनट बाद अंटार्कटिक जा पहुँचा था। इस अभियान के उद्देश्य थे—

1. अंटार्कटिक महासागर के जल के संदर्भ में विभिन्न सागर-वैज्ञानिक तकनीकों को विकसित करने हेतु अध्ययन आरंभ करना और सुविधाएँ जुटाना,
2. अंटार्कटिक महाद्वीप के विभिन्न पहलुओं के बारे में निरंतर अध्ययन करने तथा जानकारी एकत्र करने की व्यवस्था करना,
3. अंटार्कटिक महाद्वीप में भारतीय वैज्ञानिकों के अध्ययन हेतु कार्यक्रम निश्चित करना।

रास्ते में अभियान दल ने क्वीन मॉड लैंड का प्राथमिक सर्वेक्षण किया और 69°59' दक्षिण अक्षांश और 11°7' पूर्व देशांतर पर एक बर्फ शेल्फ के ऊपर बेस कैंप स्थापित किया। 22,000 कि.मी. की दूरी तय करके प्रथम भारतीय अभियान दल 21 फरवरी, 1982 को सकुशल वापस भारत आ पहुँचा।

इस दल के वापस आने के कुछ समय बाद ही दूसरे भारतीय अभियान दल को अंटार्कटिक भेजने की तैयारियाँ शुरू होने लगीं। दूसरे अभियान दल के नेता थे भारतीय भूवैज्ञानिक सर्वेक्षण के श्री वी.के. रैना। इस बार दल में विभिन्न भारतीय संस्थाओं से चुने गए 28 वैज्ञानिक शामिल थे। इस बार भी दल को नॉर्वे के बर्फ-भंजक जलयान 'पोलर सर्किल' में ही यात्रा करनी पड़ी।

जब दूसरा भारतीय अंटार्कटिक अभियान दल अपनी तैयारी कर रहा था तब सोवियत संघ ने उस दल को अंटार्कटिक में अपने रनवे, रिसर्च शेड आदि सुविधाओं का उपयोग करने की पेशकश की थी; परंतु तत्कालीन प्रधानमंत्री श्रीमती इंदिरा गांधी, ने नम्रतापूर्वक उस पेशकश को अस्वीकार कर दिया। वे चाहती थीं कि भारतीय अभियान दल अपने लिए स्वयं ही सब सुविधाएँ जुटाए।

इसी प्रकार तृतीय विश्व के अनेक देशों ने भारत को अंटार्कटिक अनुसंधान हेतु आर्थिक तथा अन्य प्रकार की सहायता देना चाही थी, परंतु उनके प्रस्तावों को भी स्वीकार नहीं किया गया।

दूसरे भारतीय अंटार्कटिक अभियान के उद्देश्य विभिन्न वैज्ञानिक अध्ययन करने के अतिरिक्त अंटार्कटिक महाद्वीप में एक स्थायी केंद्र की स्थापना करना, हवाई पट्टी के निर्माण हेतु उपयुक्त स्थल का चयन करना और सुविधाएँ जुटाना तथा अंटार्कटिक महाद्वीप में स्थित बेस कैंप और भारत के बीच सीधी दूरसंचार व्यवस्था स्थापित करना था। ये काम सफलतापूर्वक संपन्न करके यह दल मार्च 1983 में भारत लौट आया।

तीसरे भारतीय अभियान दल के 81 सदस्यों में 2 महिला वैज्ञानिक भी शामिल थीं। उस दल का नेतृत्व डॉ. एच.के. गुप्ता ने किया। यह दल 3 दिसंबर, 1983 को फिनलैंड के बर्फ-भंजक जलयान 'फिन पोलेरिस' में गोवा से रवाना हुआ था।

सन् 1981 से अब तक हर वर्ष दिसंबर माह में एक भारतीय अभियान दल अंटार्कटिक जाता रहा है। उसमें देश की विविध वैज्ञानिक संस्थाओं के वैज्ञानिक और इंजीनियर होते हैं। इनको संभार सुविधाएँ देने हेतु सेना और नौसेना के भी कुछ अधिकारी जाते हैं। तीसरे अभियान के बाद हर अभियान दल के कुछ सदस्य अंटार्कटिक में 'रात्रि' (ठंड की ऋतु) बिताने हेतु वहाँ ठहर जाते हैं और अगले दल के साथ वापस आते हैं। अब तक 23 अभियान दल (दो क्रिल अभियानों के अतिरिक्त) अंटार्कटिक जा चुके हैं। उनका विवरण इस प्रकार है—

वर्ष	*अभियान*	*नेता*	*जलयान (देश)*
1981	पहला	डॉ. एस.जैड. कासिम	एम.वी. पोलर सर्किल (नार्वे)
1982	दूसरा	श्री वी.के. रैना	,,
1983	तीसरा	डॉ. एच.के. गुप्ता	एम.वी. फिन पोलेरिस (फिनलैंड)
1984	चौथा	प्रो. बी.बी. भट्टाचार्य	,,
1985	पाँचवाँ	श्री एम.के. कौल	एम.वी. थूलेलैंड (स्वीडन)
1986	छठा	डॉ. ए.एच. पारुलेकर	,,
1987	सातवाँ	डॉ. आर. सेनगुप्ता	,,
1988	आठवाँ	डॉ. ए. सेनगुप्ता	,,
1989	नौवाँ	श्री आर. रवींद्रन	,,
1990	दसवाँ	डॉ. ए.के. हंजूरा	,,
1991	ग्यारहवाँ	डॉ. एस. मुखर्जी	,,
1992	बारहवाँ	श्री वी.के. धरगालकर	,,
1993	तेरहवाँ	श्री सुधाकर राव	एम.वी. स्टीफन (जर्मनी)

वर्ष	अभियान	नेता	जलयान (देश)
1994	चौदहवाँ	डॉ. एस.डी. शर्मा	एम.वी. आइस बर्ड (नॉर्वे)
1995	पंद्रहवाँ	डॉ. अरुण चतुर्वेदी	एम.वी. पोलर बर्ड (नॉर्वे)
1996	सोलहवाँ	डॉ. ए.एल. कोपर	,,
1997	सत्रहवाँ	श्री के.आर. सीवान	,,
1998	अठारहवाँ	श्री अजय धर	,,
1999	उन्नीसवाँ	श्री अरुण चतुर्वेदी	,,
2000 *	बीसवाँ	श्री मेरविन डिसूजा	मैगडालीना ओल्डेनड्राफ, (जर्मनी)
2001 *	इक्कीसवाँ	श्री आर.पी. लाल	,,
2002 *	बाईसवाँ		
2003	तेईसवाँ		

* केप टाउन (दक्षिण अफ्रीका) से रवाना।

इनमें से लगभग हर दल ने अंटार्कटिक महाद्वीप में वायुमंडलीय, भूवैज्ञानिक, जैववैज्ञानिक, पर्यावरणीय, मानव जीवशास्त्री, औषधि, इंजीनियरी, संचार-विज्ञान, चुंबकत्व आदि संबंधी अध्ययन और प्रयोग किए। निश्चय ही अंटार्कटिक में हर विषय की आधुनिक सुविधाओं से लैस प्रयोगशाला स्थापित करना संभव नहीं है। इसलिए अभियान दल के सदस्य वहाँ से अनेक वस्तुओं के नमूने अपने साथ भारत ले आते हैं और यहाँ विशेषज्ञ उनका विस्तृत परीक्षण तथा विश्लेषण करते हैं। इस प्रकार देश की अनेक प्रयोगशालाएँ और वैज्ञानिक संस्थाएँ, परोक्ष रूप से, अंटार्कटिक अनुसंधान में व्यस्त हैं।

स्थायी केंद्र

भारतीय अभियान दलों द्वारा अंटार्कटिक में किए गए कुछ महत्त्वपूर्ण प्रयोगों और अध्ययनों की संक्षिप्त चर्चा करने से पहले भारतीय इंजीनियरों द्वारा अपनी सूझबूझ और प्रयत्नों से अंटार्कटिक महाद्वीप में स्थापित किए गए दो स्थायी केंद्रों का कुछ विवरण प्रस्तुत करना बेहतर होगा। इन केंद्रों की स्थापना स्वयं में बहुत बड़ी उपलब्धि हैं। ये केंद्र हैं 'दक्षिण गंगोत्री' और 'मैत्री'।

दक्षिण गंगोत्री : तीसरे भारतीय दल ने रक्षा अनुसंधान और विकास संगठन, पुणे के कर्नल सत्य स्वरूप शर्मा के नेतृत्व में इस केंद्र की पूर्णतः भारतीय डिजाइन तथा सामग्री से स्थापना की थी। इसके लिए निर्माण-सामग्री, जो भारत से 'फिन

पोलेरिस' जलयान में लाई गई थी और हेलिकॉप्टरों से निर्माण-स्थल पर पहुँचाई गई थी। केंद्र का निर्माण 45 दिनों के रिकॉर्ड समय में पूरा हो गया था।

दक्षिण गंगोत्री के निर्माण हेतु पूर्वी अंटार्कटिक में प्रिंसेस ऐस्ट्रिड बर्फ शेल्फ के एक छोर का चयन किया गया था। यह स्थल सागर तट से 15 कि.मी. दूर है। इसकी सही भौगोलिक स्थिति 70°05' दक्षिण अक्षांश और 12°00' पूर्व देशांतर है। इस केंद्र की स्थापना की पृष्ठभूमि में भारतीय अभियान दल द्वारा अंटार्कटिक महाद्वीप में सर्दी के दौरान रहने हेतु किसी स्थायी इमारत का निर्माण करना था। वास्तव में तीसरे भारतीय अभियान दल के 12 सदस्यों ने अंटार्कटिक महाद्वीप में ही सर्दी बिताई थी और वे चौथे भारतीय दल के साथ भारत लौटे थे। उससे पहले के अभियान दल अंटार्कटिक में गरमी के दिनों में ही रहे थे।

दक्षिण गंगोत्री 800 वर्ग मीटर क्षेत्र में बनाई गई दोमंजिली, दो ब्लॉकों की, इमारत है। दोनों ब्लॉक आपस में एक लिंक इमारत द्वारा जुड़े हुए हैं। इससे पूरी संरचना का आकार 'यू' जैसा हो गया है। ये सब इमारतें सी.जी.आई. चादरों और लकड़ी से बनाई गई थीं। इसके बावजूद वे काफी मजबूत सिद्ध हुईं। यद्यपि निर्माण के समय उनकी जीवन-अवधि तीन साल आँकी गई थी, पर वे लगातार सात वर्षों तक अंटार्कटिक की प्रचंड बर्फीली आँधियाँ और -60° सै. से भी नीचे ताप को सहन करती रहीं। सर्दियों के दौरान इनकी दीवारों के साथ-साथ इनकी

अंटार्कटिक महाद्वीप में माल ढोने के लिए विभिन्न प्रकार के हिमवाहनों का उपयोग करना पड़ता है। भारतीय अंटार्कटिक केंद्रों में भी ऐसे अनेक वाहन हैं।

छत पर भी बर्फ की काफी मोटी तह जम जाती थी।

दक्षिण गंगोत्री की इमारतों में लगातार बिजली और पानी की आपूर्ति बनाए रखने तथा अंटार्कटिक की भीषण सर्दी में भी उनके भीतर के ताप को 15° सै. बनाए रखने की पूर्ण व्यवस्था की गई थी। इन कार्यों के लिए 62.5 किलोवाट के तीन जनरेटर और बैटरियाँ लगाई गई थीं तथा अन्य आवश्यक सुविधाएँ जुटाई गई थीं। पानी के लिए इमारतों में बर्फ पिघलाने तथा उससे बने पानी को बॉयलरों में गरम करने की व्यवस्था थी। बाद में इस पानी में ग्लाइकोल मिलाकर पाइपों में इमारतों के इर्द-गिर्द घुमाया जाता था। इससे इमारतें गरम रहती थीं।

इसके अतिरिक्त वहाँ ऐसी दूरसंचार व्यवस्था स्थापित की गई थी जिससे अंटार्कटिक महाद्वीप के किसी भी क्षेत्र के साथ ही नहीं, वरन् भारत से भी संपर्क स्थापित किया जा सकता था। केंद्र में वैज्ञानिक अध्ययन और प्रयोग करने की सुविधाएँ तथा दल के सदस्यों के स्वास्थ्य की देखभाल करने के लिए चिकित्सा उपकरण, दवाइयाँ आदि भी उपलब्ध कराई गई थीं। सातवें भारतीय अभियान के दौरान, सन् 1987 में, वहाँ एक डाकघर भी स्थापित किया गया।

अंटार्कटिक की प्रचंड आँधियों में भी ये इमारतें खड़ी रहें, इसलिए उनका रुख पूर्व से पश्चिम की ओर, आँधियों के बहाव के समानांतर, रखा गया था। उनका मुँह पूर्व की ओर था और पिछवाड़ा पश्चिम की ओर। साथ ही उन्हें मजबूत फीतों (स्ट्रैप) द्वारा जमीन से जकड़कर भी रखा गया था। निर्माण के प्रथम वर्ष में ही इन्हें 140 कि.मी. की तेज गति से बहनेवाली आँधी का सामना करना पड़ा था। उससे इन्हें जो हानि पहुँची उसकी मरम्मत शीघ्र ही कर दी गई।

यद्यपि उसके बाद प्रचंड आँधियों और बर्फ से पहुँचनेवाली हानि को सुधारने के लिए समय-समय पर इमारतों की बड़े पैमाने पर मरम्मत की जाती रही, परंतु सात साल में इन्हें इतना नुकसान पहुँच चुका था कि ये रहने लायक नहीं बची थीं। वैसे भी जैसा आप ऊपर पढ़ चुके हैं कि निर्माण के समय इनकी जीवन-अवधि मात्र तीन वर्ष आँकी गई थी, परंतु ये सात वर्ष तक टिकी रहीं। इसलिए इन्हें सन् 1990 में त्याग दिया गया और एक नया केंद्र 'मैत्री' निर्मित किया गया।

मैत्री : दक्षिण गंगोत्री को त्याग देने के पहले ही, सन् 1988 में, भारतीय अभियान दल ने एक नए केंद्र 'मैत्री' की स्थापना कर ली थी। इस केंद्र की स्थापना के लिए श्रिमाचार पर्वत पर एक बर्फमुक्त क्षेत्र चुना गया। इसके निकट मीठे पानी की एक झील भी थी। भौगोलिक रूप से इस स्थल की स्थिति 70° 46' दक्षिण अक्षांश और 11° 44' पूर्व देशांतर है। श्रिमाचार अंटार्कटिक महाद्वीप का मरुउद्यान है।

जैसा आप जानते हैं, मरुउद्यान रेतीले (गरम) मरुस्थल प्रदेश में ऐसा स्थल होता है जहाँ पानी पर्याप्त मात्रा में उपलब्ध होता है। इसलिए वहाँ लोग स्थायी रूप से रहते हैं और थोड़े-बहुत पैमाने पर खेती-बागवानी आदि भी करते हैं। मरुस्थल में यात्रा करनेवाले, विशेष रूप से ऊँटों पर यात्रा करनेवाले, लोग वहाँ ठहरते हैं, आराम करते हैं और आगे की यात्रा के लिए पानी भर लेते हैं।

अंटार्कटिक एक शीत मरुस्थल है। इसके मरुउद्यान अपेक्षाकृत अधिक सुखद जलवायुवाले और वर्ष भर बर्फ से मुक्त रहनेवाले क्षेत्र हैं। इनमें ताजा पानी भी प्रचुर मात्रा में उपलब्ध होता है। इस प्रकार ये स्थायी केंद्रों की स्थापना की दृष्टि से उपयुक्त स्थल हैं। मजेदार बात यह है कि रॉबर्ट स्कॉट ऐसे स्थलों को 'मरु उद्यान' की बजाय 'रेगिस्तान' समझते थे।

अंटार्कटिक में मरुउद्यानों के निर्माण के लिए अनेक कारक, यथा भूगर्भ में होनेवाली ज्वालामुखी और रेडियोधर्मी क्रियाएँ या भूगर्भी कोयला के भंडारों में लगी आग, बर्फ की चादर का किसी वजह से पीछे सरक जाना, बर्फ की चादर पर आस-पास के इलाके से आनेवाली धूल का जम जाना जिससे बर्फ अधिक मात्रा में पिघलने लगे तथा स्थानीय जलवायु में होनेवाले अकस्मात् परिवर्तन आदि शामिल होते हैं।

अंटार्कटिक के मरुउद्यानों में पर्वतीय, चट्टानी इलाके ही नहीं, तटीय, निचले, रेतीले मैदान भी शामिल हैं। इन मैदानी मरुउद्यानों में सबसे बड़ा है 'बंगर हिल' (क्षेत्रफल 482 वर्ग कि.मी. तथा अधिकतम ऊँचाई 172 मीटर)।

श्रिमाचार मरुउद्यान पूर्वी अंटार्कटिक में 3.5 कि.मी. चौड़ा और लगभग 20 कि.मी. लंबा क्षेत्र है। इसकी खोज सन् 1938 के जर्मन अंटार्कटिक अभियान दल ने की थी और इसका नामकरण उस अभियान के नेता, श्रिमाचार, के नाम पर किया गया था। यह तट के निकट स्थित निचला चट्टानी क्षेत्र है जिसमें ताजे पानी की झीलें भी स्थित हैं।

'मैत्री' केंद्र सोवियत संघ के और जर्मनी के केंद्रों के निकट स्थापित किया गया है। इसके लिए स्थल का चयन करते समय यह ध्यान रखा गया था कि इसके निकट उपयुक्त जलस्रोत (ताजे पानी की झील) और इतना बड़ा सपाट मैदान हो, जिसपर हेलीकॉप्टर आसानी से उतर सके। इस केंद्र की स्थापना के दौरान निकटवर्ती झील का नामकरण किया गया 'प्रियदर्शनी' और उसके निकट गरमी में भी बहनेवाली जलधारा का नामकरण 'चित्रधारा'।

मैत्री का निर्माण भी पूर्णतः स्वदेशी सामग्री से रक्षा अनुसंधान और विकास

संगठन (अभियांत्रिकी), पुणे के इंजीनियरों ने किया था। इस केंद्र के दो भाग हैं। एक भाग में विद्युत् संयंत्र तथा शीतगृह हैं और दूसरे भाग में केंद्रीय बॉयलर कक्ष, स्नानगृह, रसोईघर तथा पानी के भंडार हैं। केंद्र के मध्यवर्ती मुख्य भाग में आवास, दूरसंचार उपकरण, प्रयोगशाला, ग्रीनहाउस और चिकित्सीय सुविधाएँ उपलब्ध हैं। केंद्र में दल के प्रत्येक सदस्य के रहने के लिए एक $10 \times 8 \times 8.5$ फीट के कमरे की व्यवस्था है। कमरे में जरूरत की हर सामग्री उपलब्ध है तथा उसके ताप को सर्दियों में भी 22° सै. रखने की व्यवस्था है।

केंद्र को गरम रखने के लिए केंद्रीय वातानुकूलन व्यवस्था है जिसके अंतर्गत बॉयलरों में पानी को 60 से 90° सै. तक गरम करके पाइपों द्वारा कमरों के चारों ओर घुमाया जाता है। जहाँ तक पानी की आपूर्ति का प्रश्न है उसे प्रियदर्शनी झील से प्राप्त किया जाता है। इस काम के लिए ऐसी व्यवस्था की गई है कि सर्दियों के दिनों में जब झील की सतह जम जाती है तब भी हर काम के लिए पर्याप्त मात्रा में पानी प्राप्त होता रहे।

केंद्र में बिजली उत्पादन की व्यवस्था करना बहुत आवश्यक था। इसके लिए ऐसे उपाय किए गए हैं कि वर्ष भर हर काम के लिए पर्याप्त मात्रा में बिजली उपलब्ध हो सके।

मैत्री में सब्जी आदि उगाने के लिए एक ग्रीनहाउस भी बनाया गया है। अंटार्कटिक संधि के प्रावधानों के अनुसार, अंटार्कटिक महाद्वीप में कहीं भी, खुले में किसी भी प्रकार के कृषि-परीक्षण नहीं किए जा सकते।

इस ग्रीनहाउस में रात-दिन का वही क्रम बनाया गया है, जो उष्ण कटिबंध में स्वाभाविक रूप से होता है। साथ ही पौधों को नियंत्रित ताप तथा वातावरण प्रदान किया जाता है।

केंद्र के चिकित्सालय में केवल भारतीय दलों के सदस्यों के स्वास्थ्य की जाँच के ही पूरे प्रबंध नहीं हैं वरन् आवश्यकता पड़ने पर गंभीर शल्य चिकित्सा भी की जा सकती है।

मैत्री केंद्र से आधुनिक दूरसंचार व्यवस्था द्वारा दुनिया के किसी भी कोने से संपर्क किया जा सकता है। सुचारु दूरसंचार व्यवस्था के फलस्वरूप दल का हर सदस्य अंटार्कटिक में बैठे-बैठे अपने मित्रों और रिश्तेदारों से, भारत में, सहज ही संपर्क कर सकता है।

इसके अतिरिक्त मैत्री में फैक्स, इलेक्ट्रॉनिक मेल, टेलीफोन, बैलून प्रक्षेपण आदि अनेक सुविधाएँ उपलब्ध हैं।

उपलब्धियाँ

भारतीय अंटार्कटिक अभियानों की उपलब्धियों की चर्चा करते समय हमें दो तथ्यों पर अवश्य ध्यान देना चाहिए। ये हैं (1) अंटार्कटिक में गरमी की ऋतु में भी मौसम बहुत खराब रहता है। उस समय भी वहाँ प्रचंड आँधियाँ चलती रहती हैं और वहाँ विश्व के अन्य क्षेत्रों की तुलना में बहुत अधिक ठंड रहती है। इसलिए भारतीय अभियान दल को (वैसे किसी भी अभियान दल को) वहाँ गंभीर अध्ययन और प्रयोग करने अथवा इमारतों के निर्माण, दूरसंचार तथा अन्य केंद्रों आदि की स्थापना के लिए बहुत कम समय (वर्ष भर में मात्र तीस-चालीस दिन) मिल पाता है। (2) भारतीय अभियान दल ने जो कार्य किए हैं वे सब मौलिक हैं। उनसे पहले किसी भी भारतीय वैज्ञानिक, इंजीनियर या किसी अन्य विशेषज्ञ ने उन कार्यों को नहीं किया था। भारतीय अभियान दल के सदस्यों को इनको संपन्न करने का कोई पूर्व-अनुभव नहीं था। साथ ही उन्हें संपन्न करने में सभी उपकरण/यंत्र आदि भारत में ही विकसित किए गए थे।

भारतीय अभियानों द्वारा अर्जित उपलब्धियों को मोटे तौर पर दो वर्गों—ढाँचागत सुविधाओं का विकास (इन्फ्रास्ट्रक्चर डेवलपमेंट) और वैज्ञानिक अध्ययन—में बाँटा जा सकता है।

ढाँचागत सुविधाओं का विकास : वैज्ञानिक अध्ययन और प्रयोग करने से पहले कुछ सहायक सुविधाएँ, जिन्हें ढाँचागत सुविधाएँ (इन्फ्रास्ट्रक्चर फैसिलिटीज) कहते हैं, जुटाना जरूरी था। उदाहरणार्थ अभियान दल के सदस्यों के आवास की व्यवस्था करना तथा पानी, बिजली आदि की निरंतर पर्याप्त आपूर्ति के लिए प्रबंध करना; उनके लिए चिकित्सा आदि का प्रबंध करना, यंत्रों आदि को अध्ययन/प्रयोग-स्थल तक पहुँचाना तथा रेडियो-संचार व्यवस्था, मौसम संबंधी आँकड़े प्राप्त करने आदि की व्यवस्था करना बहुत जरूरी था। इसीलिए पहले अभियान दल ने अंटार्कटिक पहुँचते ही एक अस्थायी 'शरण-स्थल' (रिफ्यूज हट) का निर्माण किया था। जैसा आप पढ़ चुके हैं, बाद में इसके लिए 'दक्षिण गंगोत्री' और 'मैत्री' में स्थायी इमारतें बनाई गईं। इनमें पानी और बिजली की आपूर्ति की व्यवस्था की गई और निर्मम मौसम से बचने हेतु वातानुकूलन व्यवस्था स्थापित की गई। मैत्री केंद्र में स्थापित चिकित्सा-व्यवस्था इतनी सुचारु है कि छठे अभियान दल की अंटार्कटिक यात्रा के दौरान मैत्री अस्पताल में एक रूसी वैज्ञानिक का एपेंडिसाइटिस का सफल ऑपरेशन किया जा सका।

मैत्री में ही मौसम संबंधी आँकड़े एकत्र करने हेतु मानवरहित केंद्र स्थापित किया गया है। यह केंद्र प्रतिदिन मौसम संबंधी आँकड़ों को भारतीय उपग्रह 'इनसैट' को प्रेषित करता है तथा उन्हें दिल्ली स्थित मौसम-विज्ञान केंद्र को भेजता है।

मैत्री केंद्र में ही स्थापित ग्रीनहाउस में विभिन्न अभियान दलों ने मूली, पालक, बैगन तथा अनेक हरी सब्जियाँ उगाई हैं।

इस प्रकार भारतीय अभियान दलों ने अंटार्कटिक में अनेक महत्त्वपूर्ण कार्य किए, परंतु इन दलों का वास्तविक उद्देश्य तो अंटार्कटिक में वैज्ञानिक अध्ययन और प्रयोग करना था। इसलिए उन दलों ने उस ओर भी पूरा ध्यान दिया।

वैज्ञानिक अध्ययन : अंटार्कटिक महाद्वीप और उसको घेरे हुए अंटार्कटिक महासागर में भारतीय अभियान दलों ने अनेक प्रकार के वैज्ञानिक अध्ययन और प्रयोग किए हैं। इनमें भूभौतिकी, भू-विज्ञान, भू-चुंबकत्व, भूकंप-विज्ञान, भू-आकृति, जीव-विज्ञान, मौसम-विज्ञान आदि विषयक अध्ययन शामिल हैं। इनमें जहाँ अंटार्कटिक की बर्फ के नमूने प्राप्त करने और उनसे प्राचीन काल की जलवायु और ज्वालामुखी क्रियाओं आदि की जानकारी प्राप्त करने हेतु परीक्षण शामिल हैं वहीं अंटार्कटिक की बर्फ की परावर्तकता को प्रभावित करनेवाले कारकों की जानकारी प्राप्त करना भी शामिल है। अगर भारतीय अभियान दलों ने अंटार्कटिक में ओजोन परत के ह्रास में ताप, बादल तथा क्लोरीन और नाइट्रस ऑक्साइड आदि गैसों के योग के अध्ययन किए तो उन्होंने यह भी जानने की कोशिशें कीं कि अंटार्कटिक महासागर पर जमनेवाली समुद्री बर्फ की घट-बढ़ के प्रभाव गरमी के मानसून पर क्या पड़ते हैं। उन्होंने अंटार्कटिक की मृदाओं की मेथी, पालक, बैगन, धनिया, सेम आदि सब्जियाँ उगाने की क्षमता ज्ञात की तो श्रिमाचार के आस-पास के इलाके का गुरुत्व बल भी मापा और उस इलाके की भूकंप के प्रति संवेदनशीलता भी ज्ञात की। यदि उन्होंने अंटार्कटिक की चट्टानों की निर्माण-विधि ज्ञात करने की कोशिश की तो यह भी जानने के प्रयत्न किए कि अंटार्कटिक की लंबी, अँधेरी, भयंकर सर्दी की रात के प्रभाव मानव स्वास्थ्य पर क्या पड़ते हैं।

इस प्रकार उन्होंने विविध प्रकार के अध्ययन और परीक्षण किए। यद्यपि तत्काल परीक्षणों और मापन के लिए मैत्री केंद्र में तथा अन्य स्थलों पर ही छोटी-छोटी प्रयोगशालाएँ स्थापित की गई हैं; परंतु बर्फ, मृदा, चट्टान आदि के नमूनों के विस्तृत और पूर्ण विश्लेषण भारत में स्थित विभिन्न प्रयोगशालाओं में किए

गए। आज देश के पचास से अधिक वैज्ञानिक संस्थान प्रत्यक्ष अथवा परोक्ष रूप से अंटार्कटिक शोध में भाग ले रहे हैं।

आगे भारतीय अभियान दलों द्वारा किए गए कुछ विशेष अध्ययनों के संक्षिप्त विवरण दिए जा रहे हैं—

हिमवेधन : आप पढ़ चुके हैं कि जब हिम बर्फ में परिवर्तित होती है तब उसमें हवा के कुछ बुलबुले भी फँस जाते हैं। इन बुलबुलों में वायुमंडल में मौजूद गैसों के अंश, धूल के कण, पौधों के पराग कण, ज्वालामुखी के विस्फोट से निकली राख आदि के अंश तथा अन्य अनेक वस्तुएँ भी उपस्थित हो सकती हैं।

बर्फ में ऑक्सीजन के 0^{16} और 0^{18} समस्थानिकों के बीच का अनुपात हिमपात के समय वायुमंडल के ताप पर निर्भर करता है। समस्थानिक 0^{18} की मात्रा का इस ताप के साथ सीधा संबंध होता है। हिमपात के समय ताप जितना कम होता है, 0^{18} समस्थानिक की मात्रा उतनी ही कम हो जाती है। इस प्रकार बर्फ में 0^{18}

अंटार्कटिक में हिमवेधन

समस्थानिक की मात्रा ज्ञात करके आसानी से यह निष्कर्ष निकाला जा सकता है कि हिमपात सर्दी में हुआ था अथवा गरमी में। बर्फ की एक-एक परत गिनते हुए यह भी अनुमान लगाया जा सकता है कि वह बर्फ कितने हजार/लाख वर्ष पुरानी है।

आरंभ में भारतीय अभियान दल ने अंटार्कटिक की धरती पर जमी बर्फ की चादर के नमूने हाथ से घुमाई जानेवाली मशीन से निकालने के प्रयास किए थे। इनमें केवल 20 मीटर गहराई तक के ही नमूने लिये जा सके। सन् 1993 में बारहवें अभियान दल ने पहली बार विद्युत्चालित मशीन का उपयोग किया और 60 मीटर गहराई से बर्फ के नमूने प्राप्त किए। पंद्रहवें अभियान दल ने मार्च 1996 में 70° 46' 51.9" दक्षिण अक्षांश और 11° 43' 5.3" पूर्व देशांतर पर स्थित स्थल पर हिमवेधन किया। इसके दौरान जब वेधन छिद्र की गहराई 70 मीटर थी तब एक विचित्र घटना देखी गई। बर्फ के नमूने सतह पर आते ही बम की तरह आवाज करके फट जाते थे। वेधन छिद्र में थर्मीस्टर डालकर जाँच करने पर पाया गया कि इसका कारण गहराई पर स्थित बर्फ और सतह के तापों में अंतर था। 70 मीटर गहराई पर ताप –8° सै. था; जबकि सतह पर –22° सै.।

पंद्रहवें अभियान दल ने दूसरा वेधन छिद्र मैत्री केंद्र से 15 कि.मी. की दूरी पर 70° 48' 58.6" दक्षिण अक्षांश और 11° 33' 35.9" पूर्व देशांतर पर किया। यहाँ लगभग 84 मीटर गहराई तक छिद्र किया गया।

बाद में बर्फ के इन नमूनों का विस्तृत विश्लेषण भौतिक अनुसंधान प्रयोगशाला, अहमदाबाद में किया गया और इनमें ऑक्सीजन के विभिन्न समस्थानिकों की मात्राएँ ज्ञात की गईं।

एल्बिडो का मापन : जैसा आप पढ़ चुके हैं, अंटार्कटिक के ताप के इतने निम्न होने का एक मुख्य कारण बर्फ का अत्यंत उच्च एल्बिडो भी है। दूसरे शब्दों में, बर्फ को जितनी सौर ऊर्जा प्राप्त होती है उसका लगभग 90 प्रतिशत भाग वह परावर्तित कर देती है। पर बर्फ द्वारा परावर्तित की जानेवाली सौर ऊर्जा की मात्रा हमेशा एक समान नहीं रहती। वह बर्फ की आयु, उसके कणों के आकार, उसमें मौजूद जल की मात्रा, आकाश के मेघाच्छादित होने या न होने की घटना तथा सूर्य की किरणों के कोण आदि अनेक कारकों के फलस्वरूप घटती-बढ़ती रहती है।

अंटार्कटिक क्षेत्र में स्थित बर्फ की चादर के एल्बिडो के अनेक प्रत्यक्ष और परोक्ष प्रभाव देखे गए हैं। वह पवनों के परिभ्रमण और उनमें ऊर्जा-संतुलन, बर्फ के पिघलने की दर तथा उपग्रह या वायुयान द्वारा हिमाच्छादित क्षेत्रों के दूरसंवेदी अध्ययनों को भी प्रभावित करता है। इसलिए अंटार्कटिक में किए जानेवाले विभिन्न

अध्ययनों में वहाँ की बर्फ का एल्बिडो भी ज्ञात करना जरूरी होता है।

पंद्रहवें भारतीय अभियान दल ने इस संबंध में अध्ययन करने के उद्देश्य से दक्षिण गंगोत्री के निकट एक अनुसंधान केंद्र स्थापित किया था। इस केंद्र द्वारा अंटार्कटिक की बर्फ के एल्बिडो पर विभिन्न कारकों के प्रभावों के अध्ययन किए गए। इन अध्ययनों में प्राप्त कुछ महत्त्वपूर्ण तथ्य इस प्रकार हैं—

1. हिमपात के तुरंत बाद हिम का एल्बिडो 90 प्रतिशत होता है। फिर समय के साथ-साथ वह घटता जाता है; पर जब वह घटकर 70 प्रतिशत हो जाता है तब उसका घटना बंद हो जाता है।
2. एल्बिडो का यह ह्रास बर्फ के कणों के आकार में वृद्धि तथा बर्फ की सतह पर पानी की उपस्थिति के कारण होता है। हिमपात के तुरंत बाद, दो-तीन दिनों तक, ह्रास 10 प्रतिशत तक होता है। बाद में ह्रास की मात्रा घटकर 2 से 5 प्रतिशत तक रह जाती है।
3. बर्फ की तुलना में पानी अधिक मात्रा में अवरक्त विकिरणें अवशोषित कर लेता है। इसलिए बर्फ की सतह पर पानी की मात्रा के 12 प्रतिशत तक होने पर एल्बिडो 8 से 10 प्रतिशत तक घट जाता है।
4. सुबह और संध्या के समय बर्फ का एल्बिडो 90 से 95 प्रतिशत तक होता है, परंतु दोपहर के समय जब सूर्य की किरणें धरती पर लगभग लंबवत् पड़ती हैं तब वह घटकर 65 से 70 प्रतिशत रह जाता है।
5. अंटार्कटिक की बर्फ का एल्बिडो हिमालयी बर्फ के एल्बिडो से कम पाया गया है। अंटार्कटिक की बर्फ का औसत एल्बिडो 70-75 प्रतिशत पाया गया है, जबकि हिमालयी बर्फ का 80 से 89 प्रतिशत तक।
6. यदि आकाश में मेघ छाए होते हैं, तब बर्फ का एल्बिडो लगभग 10 प्रतिशत बढ़ जाता है।

ओजोन परत : भारतीय वैज्ञानिकों ने अंटार्कटिक के स्ट्रेटोस्फीयर में स्थित ओजोन परत में हर वर्ष सितंबर-अक्तूबर में होनेवाले ह्रास के बारे में भी अनेक परीक्षण किए हैं। इनमें उन्होंने इस ह्रास पर वायुमंडल में उपस्थित क्लोरीन और नाइट्रस ऑक्साइड आदि गैसों, ध्रुवीय स्ट्रेटोस्फीयरी बादलों तथा ताप जैसे कारकों के प्रभावों के अध्ययन किए। इन अध्ययनों में बैलूनों, वायुयानों, उपग्रहों तथा लेजर हेटेरोनाइनिंग सिस्टम आदि विशेष उपकरणों का भी उपयोग किया गया। अध्ययनों में पाया गया कि उक्त गैस और कारक ओजोन ह्रास में योग देते हैं।

राष्ट्रीय अंटार्कटिक और महासागर अनुसंधान केंद्र

भारत सरकार ने सन् 1981 में महासागर विकास विभाग की स्थापना की। देश के लिए सागर के महत्त्व को ध्यान में रखते हुए इस विभाग का कार्यभार प्रधानमंत्री ने स्वयं सँभाला। आरंभ में यही विभाग अंटार्कटिक अभियान आयोजित करता रहा। बाद में इस कार्य के लिए, महासागर विकास विभाग के अंतर्गत ही, गोवा में एक विशेष केंद्र 'अंटार्कटिक अध्ययन केंद्र' (अंटार्कटिक स्टडी सेंटर) स्थापित किया गया। अब इस केंद्र का नामकरण 'राष्ट्रीय अंटार्कटिक और महासागर अनुसंधान केंद्र' (नेशनल सेंटर फॉर अंटार्कटिक एंड ओशन रिसर्च) हो गया है। इसका कार्यालय हेडलैंड साडा, वास्को-डि-गामा, गोवा-403804 में स्थित है।

यह केंद्र मुख्य रूप से एक अनुसंधान और विकास संगठन है। इसके उद्देश्य एवं लक्ष्य इस प्रकार हैं—

1. ध्रुवीय विज्ञान (अंटार्कटिक और आर्कटिक क्षेत्रों से संबंधित विज्ञान) तथा अंटार्कटिक महासागर के विभिन्न क्षेत्रों में वैज्ञानिक शोध कार्यों को कार्यान्वित करना, प्रोत्साहित करना, उनका पथ-प्रदर्शन करना और उनमें समन्वय स्थापित करना।
2. अंटार्कटिक में अनुसंधान हेतु आधार स्थापित करना तथा उसके लिए हर प्रकार की प्रचालन और संभार सुविधाएँ उपलब्ध कराना।
3. ध्रुवीय विज्ञान क्षेत्र में महत्त्वपूर्ण कार्यक्रम तैयार करना तथा उन्हें आरंभ कराना, ताकि भविष्य में आर्कटिक, अंटार्कटिक और अंटार्कटिक महासागर में अनुसंधान हेतु आधार तैयार हो सके।
4. एक ऐसी प्रयोगशाला स्थापित करना जिसमें ऐसे विषयों, जिनपर अन्य स्थानों पर शोध करने की व्यवस्था उपलब्ध नहीं है, पर शोध किया जा सके। ऐसे कुछ विषय हैं—गहरी खुदाई हेतु तकनीक, बर्फ क्रोडों (आइस कोर) के परिरक्षण और विश्लेषण हेतु अति स्वच्छ निम्न ताप व्यवस्था, विशेष जीववैज्ञानिक परीक्षण।
5. अंटार्कटिक महाद्वीप और अंटार्कटिक महासागर की परिस्थितियों को दरशानेवाले मॉडल विकसित करना, ताकि उन परिस्थितियों को बेहतर तरीके से समझा जा सके।
6. अंटार्कटिक तथा आर्कटिक क्षेत्रों के बारे में संपूर्ण डाटाबेस तैयार करना। इसमें ध्रुवीय संग्रहालय और पुस्तकालय की स्थापना भी शामिल है।

यह केंद्र पिछले कुछ वर्षों से भारतीय अंटार्कटिक अभियानों के लिए देश

की विभिन्न वैज्ञानिक संस्थाओं से विविध विषयों के वैज्ञानिकों का चयन करने, हर अभियान दल की अंटार्कटिक यात्रा का प्रबंध करने और वहाँ अध्ययन एवं प्रयोग करने हेतु आवश्यक सुविधाएँ जुटाने संबंधी कार्य सुचारु रूप से कर रहा है। यह केंद्र मैत्री के इर्द-गिर्द के पर्यावरण के अध्ययन हेतु एक पर्यावरणीय प्रयोगशाला की स्थापना की योजना बना रहा था। अब यह प्रयोगशाला मैत्री (अंटार्कटिक) में राष्ट्रीय पर्यावरणीय इंजीनियरी अनुसंधान संस्थान द्वारा स्थापित कर दी गई है। मैत्री में ही इसी प्रकार की एक अन्य प्रयोगशाला, जो सुदूर अतीत में अंटार्कटिक की परिस्थितियों की जानकारी प्राप्त करने का प्रयत्न करेगी, भी स्थापित की जाएगी। यह प्रयोगशाला बीरबल साहनी पुरावनस्पति संस्था द्वारा स्थापित की जाएगी।

आजकल यह केंद्र महासागर विकास विभाग की एक बड़ी परियोजना पर कार्य कर रहा है। इस परियोजना का संबंध संयुक्त राष्ट्र संघ के सागर कानून कन्वेंशन (यू.एन.सी.एल.ओ.एस.) के प्रावधानों के अंतर्गत भारतीय महाद्वीपीय शेल्फ की सीमाएँ निर्धारित करने से है। इसके अंतर्गत भारत को 200 नॉटिकल मील के अनन्य आर्थिक क्षेत्र (एक्सक्लूसिव इकोनॉमिक जोन) के परे भी सागर के काफी बड़े इलाके के उपयोग के एकच्छत्र अधिकार मिल जाएँगे। इस परियोजना में देश की अनेक संस्थाएँ भाग ले रही हैं, परंतु इनके बीच समन्वय स्थापित करने का उत्तरदायित्व इसी केंद्र का है।

यह केंद्र फ्रांस, जर्मनी, दक्षिण अफ्रीका और रूस के सहयोग से अंटार्कटिक प्रदेश के लिए विविध अनुसंधान कार्यक्रम भी तैयार कर रहा है।

□

9

बदलता हुआ परिदृश्य

बीसवीं शताब्दी में वैज्ञानिक और प्रौद्योगिक क्षेत्रों में हुई कल्पनातीत प्रगति ने सुदूर अंटार्कटिक को भी अछूता नहीं छोड़ा है वरन् उसे अन्य अनेक क्षेत्रों की तुलना में अपेक्षाकृत बहुत अधिक प्रभावित किया है। सर्वप्रथम, अब अंटार्कटिक निर्जन प्रदेश नहीं रहा है। उस प्रदेश में मानव का इतना अतिक्रमण हो गया है जिसकी कल्पना करना बीसवीं शताब्दी के आरंभ में भी कठिन था। उस दक्षिण ध्रुव पर, जहाँ तक पहुँचने के लिए एमंडसन और स्कॉट ने महीनों तक बर्फ पर पैदल यात्राएँ की थीं, अब, हर ग्रीष्म ऋतु में, 250 से भी अधिक वायुयान उतरते हैं। वहाँ आनेवालों का ताँता लगा रहता है। अब दक्षिण ध्रुव पर पुराने मृतप्राय केंद्रों के स्थान पर नित नए, आधुनिक वैज्ञानिक यंत्रों से पूर्णतया सुसज्जित केंद्र स्थापित किए जा रहे हैं।

अब अंटार्कटिक महाद्वीप के अन्य क्षेत्रों में ही नहीं वरन् स्वयं दक्षिण ध्रुव पर भी लोगों की आबादी बसती जा रही है। पहले अमेरिका द्वारा दक्षिण ध्रुव पर एमंडसन–स्कॉट केंद्र स्थापित किया गया था; पर वह बर्फ के नीचे दब गया। अब उसके स्थान पर एक नया केंद्र बनाया जा रहा है। वह सन् 2006 तक बनकर तैयार हो जाएगा। इतना ही नहीं, दक्षिण ध्रुव वेबसाइट द्वारा पूरे विश्व से जुड़ा हुआ है। उसकी वेबसाइट है—www.s.pole.gov.

विज्ञान का 'स्विट्जरलैंड' : अंतरराष्ट्रीय भूभौतिक वर्ष के दौरान अंटार्कटिक महाद्वीप 'विज्ञान का स्विट्जरलैंड' बन गया था। उसका यह स्वरूप दिनोदिन प्रबलतर होता जा रहा है। पिछली शताब्दियों में विश्व के अनेक देशों के बीच अनेक संहारक युद्ध हुए परंतु इनमें स्विट्जरलैंड ने किसी का भी पक्ष नहीं लिया। वह दोनों पक्षों से समान दूरी पर रहा या समान प्रेम बनाए रहा। वह

निरपेक्ष रहा। वहाँ दोनों पक्षों के लोग आते-जाते और आपस में मिलते रहते थे। इसी प्रकार कुछ देशों के बीच प्रबल शीत-युद्ध और यहाँ तक कि सशस्त्र संघर्ष चलते रहने के बावजूद उन देशों के वैज्ञानिक अंटार्कटिक महाद्वीप में आपस में मिलकर, एक-दूसरे के सहयोग से, प्रयोग और अध्ययन करते रहे। उनमें कभी भी वैमनस्य पैदा नहीं हुआ। अंटार्कटिक की यह स्थिति अब और भी सुदृढ़ हो गई है।

वहाँ अनेक देशों, जिनमें हमारा देश भी शामिल है, ने अपने-अपने वैज्ञानिक केंद्र स्थापित किए हैं। इन केंद्रों की संख्या और आकार दिन-प्रतिदिन बढ़ रहे हैं।

यद्यपि अंटार्कटिक महाद्वीप पर भौतिक परिस्थितियाँ बहुत विषम हैं, परंतु अनेक अध्ययनों और प्रयोगों के लिए यह एक आदर्श स्थल है। अंतरिक्ष के अध्ययन के लिए वह विशेष रूप से उपयुक्त स्थल है। अंटार्कटिक सागर की सतह से लगभग 3,000 मीटर ऊँचे और सागर तट से सैकड़ों कि.मी. दूर स्थित क्षेत्रों की वायु में जलवाष्प लगभग एकदम अनुपस्थित है। वहाँ आकाश सदा पारदर्शी (निर्मल) रहता है और वायुमंडल परिस्थितियाँ स्थायी रहती हैं। ये परिस्थितियाँ अंतरिक्ष के अध्ययन के लिए बहुत उपयुक्त हैं।

वैज्ञानिकों के अनुसार ब्रह्मांड का जन्म एक अत्यंत भयंकर विस्फोट 'बिग बैंग' के फलस्वरूप हुआ था। उनके अनुसार यह घटना अब से लगभग तेरह अरब वर्ष पूर्व घटी थी; पर उसके अवशेष, कॉस्मिक पृष्ठभूमि विकिरणों के रूप में, अब भी मौजूद हैं। इन विकिरणों के अध्ययन के लिए ध्रुवीय प्रदेश बहुत उपयुक्त स्थल है। इसीलिए अमेरिका के नेशनल साइंस फाउंडेशन के खगोल-भौतिकी अनुसंधान केंद्र ने सन् 1991 में दक्षिण ध्रुव पर एक अत्याधुनिक केंद्र स्थापित किया। इसमें आधुनिकतम अवरक्त किरण और सूक्ष्म तरंग रेडियो टेलिस्कोप स्थापित किए गए। यहाँ पीटरसन वाइपर रेडियो टेलीस्कोप कॉस्मिक पृष्ठभूमि विकिरणों का निरंतर अनुवीक्षण करता रहता है।

अंटार्कटिक में स्थापित एक अन्य टेलिस्कोप 'ए.एस.टी./आर.ओ.' हमारी आकाशगंगा का निरंतर अवलोकन और अध्ययन करता रहता है। एक अन्य टेलिस्कौप 'डासी' (DASI) का काम ब्रह्मांड के आकार और आकृति का अध्ययन करना तथा यह अनुमान लगाना है कि 'ब्रह्मांड कैसे बना था और उसका अंत कैसे होगा'।

वैसे अंटार्कटिक में स्थापित किए गए यंत्रों में कदाचित् सबसे विचित्र और विलक्षण है 'अमांडा' (AMANDA) टेलीस्कोप। इसका पूरा नाम है 'अंटार्कटिक

म्यूओन एंड न्यूट्रिनो डिटेक्टर ऐरे'। यह टेलीस्कोप आकाश का नहीं वरन् अंटार्कटिक की धरती पर जमी बर्फ की चादर का अवलोकन करता रहता है। इस अवलोकन का उद्देश्य है रहस्यमय उपपरमाणविक (सबएटॉमिक) कण, 'न्यूट्रिनो', की तलाश।

न्यूट्रिनों अत्यंत रहस्यमय कण हैं। ये परमाणु से कहीं अधिक सूक्ष्म होते हैं। ये इतने सूक्ष्म होते हैं कि परमाणु की तुलना में उन्हें लगभग संहतिहीन कण कहा जा सकता है। वैसे स्वयं परमाणु कितना सूक्ष्म होता है इसकी कल्पना करना भी आम आदमी के लिए कठिन है। इस बारे में कहा जाता है कि यदि हम मनुष्यों का आकार किसी जादूवश परमाणु जैसा सूक्ष्म हो जाए तब संसार की पूरी मानव आबादी (लगभग 6 अरब) सुई की नोक पर समा जाएगी। वहाँ भी इतनी 'जगह' होगी कि आदमियों के बीच टक्कर न होगी।

जब परमाणु स्वयं इतना सूक्ष्म है तब न्यूट्रिनो की सूक्ष्मता कितनी होगी? इन्हीं सूक्ष्मतम न्यूट्रिनों के गुणों के बारे में जानकारी प्राप्त करने के लिए वैज्ञानिक वर्षों से अनवरत प्रयत्न कर रहे हैं। उनका विचार है कि न्यूट्रिनो ब्रह्मांड में काल कोठरियों (ब्लैक होल) के निर्माण, सुपरनोवा के विस्फोटों और नीहारिकाओं के ऊर्जास्त्रोतों के बारे में महत्त्वपूर्ण जानकारी प्रदान कर सकते हैं।

पर न्यूट्रिनों तो सुदूर अंतरिक्ष के किसी स्त्रोत से 'भूत की भाँति चुपचाप आकर' धरती के गर्भ में चले जाते हैं। इसलिए उन्हें 'पकड़ना' एक अत्यंत जटिल समस्या है।

वैसे हर भूत की भाँति वे भी कुछ सुराग छोड़ जाते हैं। कभी-कभी न्यूट्रिनों पृथ्वी के गर्भ में जाते समय ध्रुवीय बर्फ से अंत:क्रिया कर जाते हैं। जब कभी ऐसा होता है तब न्यूट्रिनों एक अन्य कण, 'म्यूओन', पैदा कर देते हैं। यद्यपि म्यूओन भी अत्यंत सूक्ष्म कण हैं परंतु वे एक नीली चमक प्रदर्शित कर देते हैं। इस चमक की मदद से न्यूट्रिनो का पथ ज्ञात किया जा सकता है।

वैसे इसमें एक और कठिनाई उत्पन्न हो जाती है। म्यूओन अंतरिक्ष में भी उत्पन्न होते हैं और वे वहाँ से भी पृथ्वी पर आते रहते हैं। इस बात की पुष्टि करने हेतु कि जिन म्यूओनों का अवलोकन किया जा रहा है वे न्यूट्रिनों की ध्रुवीय बर्फ के साथ क्रिया के फलस्वरूप ही उत्पन्न हुए हैं इस बृहत् टेलीस्कोप को बर्फ पर ही लक्षित किया गया है।

वास्तव में 'अमांडा' बर्फ में उन्नीस छिद्रों, जिनमें से प्रत्येक एक मील से भी अधिक गहरा है, का एक वलय है। हर छिद्र में प्रकाशीय सेंसरों को लंबी

कतारों में क्रिसमस ट्री लाइटों की भाँति व्यवस्थित किया गया है। ये सेंसर ही म्यूओनों की चमक को इंगित करते हैं।

आज अंटार्कटिक में इस प्रकार के अन्य अनेक विलक्षण वैज्ञानिक प्रयोग किए जा रहे हैं, जिनके परिणाम न केवल ब्रह्मांड के उद्गम से लेकर जीव-जंतुओं पर जलवायु के गरम होते जाने के तात्कालिक और दीर्घकालिक प्रभावों के बारे में जानकारी प्रदान करेंगे वरन् अत्यंत दुर्गम परिस्थितियों में स्वयं मनुष्य की शारीरिक और मानसिक क्षमताओं पर पड़नेवाले प्रभावों को भी दरशाएँगे।

विश्वग्राम

समाजशास्त्री सदियों से एक ऐसी बस्ती की कल्पना करते रहे हैं जहाँ विश्व के अनेक देशों, धर्मों और मान्यताओं के लोग मिल-जुलकर, सौहार्दपूर्ण तरीके से, रहते हों। वहाँ कोई सीमा-विवाद न हो। वहाँ कोई कोर्ट-कचहरी न हो। साथ ही वहाँ वायु, जल और धरती एकदम शुद्ध तथा प्रदूषण-रहित हो। न कोई व्यक्ति नशा करता हो और न ही झगड़ा करता हो। आज अंटार्कटिक में इस प्रकार की बस्तियाँ वास्तव में मौजूद हैं। ये बस्तियाँ छोटी-छोटी हैं और अंटार्कटिक के विभिन्न भागों में स्थित हैं। ये अंटार्कटिक प्राय:द्वीप के निकट स्थित किंग जॉर्ज द्वीप से लेकर मैक मर्डो साउंड के निकट तक अनेक क्षेत्रों में, आमतौर से वैज्ञानिक केंद्रों के निकट, स्थित हैं।

किंग जॉर्ज द्वीप दक्षिण अमेरिका से लगभग 900 कि.मी. दूर, अंटार्कटिक प्राय:द्वीप के तट पर स्थित लगभग 1300 वर्ग किमी. क्षेत्रफल का एक द्वीप है। वहाँ 1,200 मीटर लंबी हवाई पट्टी है। इस द्वीप पर अर्जेंटाइन, ब्राजील, चिली, चीन, पोलैंड, रूस, दक्षिण कोरिया और उरुग्वे के स्थायी केंद्र तथा संयुक्त राज्य अमेरिका, इक्वेडोर, पेरू, जर्मनी, हॉलैंड के ग्रीष्म केंद्र हैं। चिली का एडवर्डो फ्राई बेस इस द्वीप की वस्तुत: राजधानी है। यद्यपि फ्राई की आबादी केवल 300 है, परंतु वहाँ बाजार, अस्पताल, स्कूल, डाकघर, बैंक और हवाई अड्डा हैं।

इसी प्रकार अंटार्कटिक प्राय:द्वीप के छोर पर होप खाड़ी पर स्थित अर्जेंटाइन का बेस 'स्पेरांजा' एक छोटे गाँव के सदृश है। वहाँ अस्पताल है, जहाँ प्रसूति की भी व्यवस्था है। वहाँ स्कूल भी है। इस स्कूल का पाठ्यक्रम वही है, जो अर्जेंटाइन के स्कूलों में लागू है।

मैक मर्डो साउंड के निकट स्थित मैक टाउन में संयुक्त राज्य अमेरिका के नेशनल साइंस फाउंडेशन का अंटार्कटिक मुख्यालय है। मैक टाउन में अब वैज्ञानिक

अंटार्कटिक की ठंड का आनंद लेता हुआ एक सैलानी

ही नहीं, वरन् अन्य लोग भी स्थायी रूप से रहते हैं। निश्चय ही ग्रीष्म ऋतु में यहाँ की आबादी काफी बढ़ जाती है; वह लगभग 1,100 हो जाती है। वहाँ एक स्थायी हवाई अड्डा है, ए.टी.एम. सुविधाएँ हैं और वाहनों की गति को नियंत्रित करने हेतु गति-अवरोधक भी हैं। यहाँ से 3 कि.मी. दूर स्थित न्यूजीलैंड के बेस के लिए नियमित रूप से शटल बस सेवा भी चलती है।

इससे भी विचित्र बात है मैक टाउन में एक समाचार-पत्र का प्रकाशन। 'अंटार्कटिक सन' नाम से प्रकाशित होनेवाला यह समाचार-पत्र साप्ताहिक है और ग्रीष्म ऋतु में ही प्रकाशित होता है। इसकी प्रसार-संख्या लगभग 700 है।

अब अंटार्कटिक महाद्वीप में वैज्ञानिकों की तुलना में अन्य लोगों की संख्या लगभग तिगुनी हो गई है। यद्यपि इनमें से अधिकतर व्यक्तियों का काम वैज्ञानिकों को उनके अध्ययनों और प्रयोगों में सहायता करना है, पर शिक्षकों, अस्पताल के कर्मचारियों, हवाई जहाज चालकों, इंजीनियरों और यहाँ तक कि दुकानदारों की संख्या भी काफी है।

पिछली चौबीस गरमियों में से इक्कीस अंटार्कटिक महाद्वीप में गुजारनेवाले एक बढ़ई का कथन है, 'पहली बार व्यक्ति साहसिक कार्य करने के इरादे से अंटार्कटिक आता है, दूसरी बार वह पैसे कमाने के लिए यहाँ आता है, पर उसके बाद वह यहाँ इसलिए आता है कि यहाँ के लोग उसके 'परिवार के सदस्य' बन गए हैं।'

'अंटार्कटिक सन' के संपादक के अनुसार, अंटार्कटिक की बस्तियों में अमीर और गरीब के बीच कोई भेदभाव नहीं है। वहाँ हर व्यक्ति, चाहे वह विश्वप्रसिद्ध वैज्ञानिक हो अथवा एक मामूली कर्मचारी, लाल रंग का 'सरकारी पर्मा' ही पहनता है। वहाँ लोगों का सामाजिक स्तर उनकी 'गतिशीलता' से मापा जाता है। वैज्ञानिक अकसर ही बाहर आते-जाते रहते हैं, परंतु आम आदमी नहीं।

वहाँ जनरल असिस्टेंट का वेतन सबसे कम है, फिर भी वह लगभग 350 अमेरिकी डॉलर प्रति सप्ताह है।

इसके अतिरिक्त गरमी की ऋतु में आनेवाले सैलानियों की संख्या भी प्रति वर्ष तेजी से बढ़ती जा रही है। कुछ व्यक्तियों का अनुमान है कि हर दशक में सैलानियों की संख्या में पाँच गुना तक वृद्धि हो जाती है। अब दक्षिण अमेरिका से अंटार्कटिक के लिए नियमित जलयान सेवाएँ हैं जो हर वर्ष लगभग 12,000 सैलानियों को अंटार्कटिक घुमाने लाती हैं। इनके अतिरिक्त लगभग 3,000 सैलानी ऑस्ट्रेलिया से लगभग चौदह घंटे की उड़ान भरकर अंटार्कटिक पहुँच जाते हैं।

आज अनेक देशों में ऐसी पर्यटक फर्में कार्यरत हैं जो सैलानियों को अंटार्कटिक पहुँचाने, वहाँ पर्वतारोहण कराने, बर्फ पर स्कीइंग कराने और वापस आरंभिक स्थल तक पहुँचाने का संपूर्ण पर्यटन नियमित रूप से कराती हैं। इस पर्यटन में दक्षिण ध्रुव की यात्रा भी शामिल होती है।

□

10

भविष्य का महाद्वीप

विज्ञान और प्रौद्योगिकी ने आम आदमी के जीवन को अधिक सुखद बना दिया है। आज उसे पहले की अपेक्षा कहीं अधिक भौतिक सुविधाएँ प्राप्त हैं। साथ ही अधिकतर रोगों की रामबाण ओषधियाँ उपलब्ध हो जाने के फलस्वरूप आज मनुष्य की औसत जीवन-अवधि काफी बढ़ गई है। अब जन्म-दर की तुलना में मृत्यु-दर बहुत घट गई है। इसके परिणामस्वरूप विश्व की आबादी में तेजी से वृद्धि हुई है। वह 6 अरब के आँकड़े को भी पार कर गई है। हमारे देश की आबादी भी एक अरब से अधिक हो गई है।

आबादी के बढ़ने से खाद्य और आवास समस्याएँ विकराल से विकरालतर होती जा रही हैं। यद्यपि उन्नत बीजों, बेहतर कृषि तकनीकों, सिंचाई की उपयुक्त सुविधाओं और उर्वरकों, कीटनाशकों आदि के उपयोग से खाद्यान्नों के उत्पादन में तेजी से वृद्धि हुई है; परंतु जनसंख्या में वृद्धि के कारण अब भी विश्व के अनेक भाग भुखमरी से पीड़ित हैं। इस भुखमरी को दूर करने में अंटार्कटिक महासागर महत्त्वपूर्ण योग दे सकता है। आप पढ़ चुके हैं कि अंटार्कटिक महासागर संसार के सर्वाधिक उपजाऊ सागरों में से एक है। यहाँ मछलियाँ, सील आदि जंतु तो प्रचुर मात्रा में उपलब्ध हैं ही, क्रिल सबसे अधिक मात्रा में मौजूद है। क्रिल न केवल खाद्यान्नों की कमी की पूर्ति कर सकती है, वरन् पर्याप्त मात्रा में प्रोटीन भी दे सकती है। उसमें गीले वजन के अनुसार 15 प्रतिशत प्रोटीन होती है। इस प्रकार क्रिल उन भूभागों के निवासियों के लिए वरदान साबित हो सकती है, जो भुखमरी के अतिरिक्त कुपोषण से भी पीड़ित हैं।

यद्यपि अनेक देशों में क्रिल को मानव-भोजन के रूप में इस्तेमाल करने के प्रयत्न किए जा रहे हैं, परंतु उसे पूर्ण रूप से स्वीकार करने में कुछ अड़चनें हैं।

उसका बाहरी खोल बहुत मुलायम होता है। इसलिए पकड़ने और भंडारित करने के दौरान क्रिल जल्दी पिच जाती है जिससे वह खाने लायक नहीं रह पाती। वैसे इस बारे में विशेष तकनीकें विकसित की जा रही हैं।

प्राचीन काल से ही अनेक देशों में एक किंवदंती प्रचलित है। पृथ्वी पर कहीं एक ऐसा द्रव उपलब्ध है जिसे पीने के बाद मनुष्य मृत्यु पर विजय प्राप्त कर सकता है। कहा जाता है कि मनुष्य को तथाकथित अमरत्व प्रदान कर सकनेवाले इस द्रव (अमृत) की खोज हजारों लोग हजारों वर्षों तक करते रहे, परंतु उसे नहीं मिलना था तो नहीं मिला।

आज हमें मालूम है कि पृथ्वी पर अमृत जैसी कोई वस्तु मौजूद है ही नहीं। वास्तव में उसका कोई अस्तित्व ही नहीं है। पर वर्तमान परिभाषा के अनुसार, यदि किसी वस्तु को अमृत माना जा सकता है तो वह है पानी—ताजा पानी। पृथ्वी पर जीवन का अस्तित्व पानी के कारण ही है। उसके बिना कोई भी जीव जीवित ही नहीं रह सकता और पानी (ताजा पानी) ही वह वस्तु है जो अंटार्कटिक में बहुत बड़ी मात्रा में उपस्थित है। आप पढ़ चुके हैं कि अंटार्कटिक की धरती पर जमी बर्फ की चादर में पृथ्वी पर उपस्थित ताजे पानी की कुल मात्रा का लगभग 70 प्रतिशत भाग फँसा हुआ है। आज शुष्क प्रदेश पानी की आवश्यकता के लिए अंटार्कटिक की ओर ललचाई दृष्टि से देख रहे हैं।

अब अंटार्कटिक महासागर में तिरते हिमखंडों को खींचकर सऊदी अरब जैसे मरुस्थलीय प्रदेशों तक लाने की बात कल्पना की परिधि से निकलकर यथार्थ के धरातल तक आ पहुँची है। इस संबंध में संयुक्त राज्य अमेरिका के जगत्प्रसिद्ध स्क्रिप्स इंस्टीट्यूशन ऑफ ओशनोग्राफी के वैज्ञानिकों ने जो अनुमान लगाया है, उसके अनुसार अंटार्कटिक महासागर से खींचकर लाए गए हिमखंडों को पिघलाकर बनाया गया ताजा पानी समुद्री पानी के निर्लवणीकरण (डिसेलीनेशन) से प्राप्त ताजे पानी से सस्ता बैठता है।

सन् 1970 और 1980 के दशकों में सऊदी अरब के प्रिंस मोहम्मद अल-फैजल अल-साउद की पहल पर इस विषय पर वैज्ञानिकों के दो अंतरराष्ट्रीय सम्मेलन भी आयोजित किए गए थे। इनमें इस विषय पर गहन चर्चा हुई थी और अनेक व्यावहारिक कठिनाइयों पर विचार किए गए थे।

खाद्यान्नों के संदर्भ में आज हमारा देश काफी अच्छी स्थिति में है। वह खाद्यान्न आयात करने की बजाय निर्यात कर रहा है, परंतु उसकी पानी की समस्या दिन-प्रतिदिन उग्र से उग्रतर होती जा रही है। पृथ्वी के केवल 2 प्रतिशत भाग में

आबाद भारत ताजे पानी के विश्व के कुल स्रोतों का मात्र 4 प्रतिशत भाग वहन किए हुए है, परंतु उसकी वर्तमान और तेजी से बढ़ती आबादी, जो आज संसार की कुल आबादी का 16 प्रतिशत हो गई है, की दृष्टि से ये स्रोत एकदम अपर्याप्त सिद्ध हो रहे हैं। इसलिए निकट भविष्य में हमें भी अपने ताजे पानी की माँग को पूरा करने के लिए अंटार्कटिक की शरण में जाना पड़ सकता है।

यद्यपि क्रिल को आम आदमी के दैनिक भोजन का एक अहम अंग बना देने की भाँति अब भी पृथ्वी के गरम, सूखे प्रदेशों की प्यास बुझाने के लिए अंटार्कटिक से हिमखंड नहीं लाए जा रहे हैं, परंतु वह दिन दूर नहीं है जब ऐसा होने लगेगा। इस प्रकार यदि किसी अन्य संदर्भ में नहीं तो क्रिल और ताजे पानी के संदर्भ में ही अंटार्कटिक को 'भविष्य का महाद्वीप' कहा जा सकता है।

अंटार्कटिक महाद्वीप में खनिजों की कमी नहीं है। अधिकतर देश खनिजों के संभाव्य भंडारों को ध्यान में रखकर ही अंटार्कटिक के विभिन्न भागों पर अपना कब्जा जमाने का प्रयत्न कर रहे थे; परंतु अंटार्कटिक की धरती पर मौजूद बर्फ की मोटी चादर के कारण अब तक उन खनिज भंडारों का सर्वेक्षण भी पूर्ण रूप से नहीं हो पाया है, उन्हें निकालने के प्रयत्न करना तो बहुत दूर की बात है। पर खनिज इंजीनियरी के क्षेत्र में जिस तेजी से विकास हो रहा है उससे यह आशा बढ़ती जा रही है कि निकट भविष्य में अंटार्कटिक के गर्भ से खनिज निकालना संभव हो जाएगा।

अंटार्कटिक महाद्वीप के भंडारों से खनिज और अंटार्कटिक महासागर की तली पर बिखरी पड़ी बहुधात्विक पिंडिकाएँ निकालने के काम में धीमी गति का एक और प्रमुख कारण है। अंटार्कटिक संधि व्यवस्था के अंतर्गत इन दोनों क्षेत्रों से खनिजों के उत्खनन पर आगामी 50 वर्षों के लिए रोक लगा दी गई है। अंटार्कटिक संधि व्यवस्था के सदस्य देश, जिनमें संसार के सब प्रमुख औद्योगिक देश शामिल हैं, न तो स्वयं अंटार्कटिक से खनिज निकालने के कार्य में पहल कर रहे हैं और न ही किसी अन्य देश को ऐसा करने दे रहे हैं।

अंटार्कटिक की विशेष स्थिति के फलस्वरूप वहाँ ऐसे अनेक भौतिक, चुंबकीय, खगोल-वैज्ञानिक, जैव तथा प्रदूषण संबंधी परीक्षण किए गए हैं और अब भी किए जा रहे हैं, जिन्हें पृथ्वी के अन्य क्षेत्रों में करना संभव नहीं है। इन प्रयोगों से अनेक ऐसे तथ्य ज्ञात हुए हैं जिनका प्रभाव पृथ्वी के अन्य क्षेत्रों पर प्रत्यक्ष अथवा परोक्ष रूप से पड़ता है।

अंटार्कटिक महाद्वीप की धरती पर जमी बर्फ की चादर परोक्ष रूप से सागरों

के तल को नियंत्रित किए हुए है। उसके पिघलने से सागरों में पानी की सतह 70 मीटर से भी अधिक ऊँची उठ सकती है। साथ ही यह बर्फ की चादर 'प्राकृतिक रेफ्रिजरेटर' का कार्य भी करती है। इससे पृथ्वी का औसत ताप नियमित रहता है। ध्रुवीय प्रदेशों के निम्न ताप और भूमध्यरैखिक क्षेत्र के उच्च ताप के बीच के विशाल अंतर पवन और समुद्री पानी को बहने के लिए प्रेरित करते हैं। इसके प्रभाव पवनों और जलधाराओं पर पड़ते हैं।

यदि अंटार्कटिक संधि की धाराओं का पालन सही तरीके से होता रहा तब अंटार्कटिक महासागर में जीव-जंतु की संख्या में कल्पनातीत वृद्धि होने की संभावना है। ऐसा होने से यह महासागर ह्वेलों, सीलों, स्क्विड आदि जंतुओं का विश्व का सबसे बड़ा आश्रय स्थल बन जाएगा और भविष्य में उसके विश्व के सबसे बड़े 'वन्य जीव अभयारण्य' बन जाने की पूरी संभावना है।

भारत के लिए विशेष महत्त्वपूर्ण

आज अंटार्कटिक महाद्वीप भारत के लिए एकदम 'अपरिचित' नहीं रह गया है। सन् 1981 के बाद प्रति वर्ष नियमित रूप से अंटार्कटिक जानेवाले भारतीय अभियान दलों के समाचारों के प्रचार-प्रसार के फलस्वरूप आम भारतीय भी 'अंटार्कटिक' शब्द से परिचित हो गया है। अब अधिकतर स्कूली बच्चों को मालूम है कि भारत से बाहर भी एक 'गंगोत्री' है। उन्हें यह मालूम है कि हिमालय में स्थित गंगोत्री से भागीरथी (गंगा) निकलती है, पर 'दक्षिण गंगोत्री' अंटार्कटिक महाद्वीप में स्थित एक अध्ययन केंद्र है। इससे अंटार्कटिक में आम भारतीय की रुचि भी परिलक्षित होती है।

वास्तव में भारत के संदर्भ में अंटार्कटिक विशेष रूप से महत्त्वपूर्ण बन गया है। हमारी आर्थिक व्यवस्था की स्तंभ मानसून वायु और अंटार्कटिक का, विशेष रूप से अंटार्कटिक महाद्वीप पर जमी बर्फ की चादर का, गहरा, परोक्ष संबंध है। अंटार्कटिक महाद्वीप की बर्फ की चादर में मौसम के अनुसार होनेवाली घट-बढ़ दक्षिणी गोलार्द्ध के ऊष्मा बजट को प्रभावित करती है। इस ऊष्मा बजट पर 30° दक्षिण अक्षांश के आस-पास बननेवाला उच्च दाब निर्भर होता है। इस उच्च दाब पर निर्भर होती है ग्रीष्म मानसून पवन की प्रबलता (परोक्ष रूप से वर्षा करने की उसकी क्षमता)। उच्च दाब जितना अधिक और स्पष्ट बनता है, ग्रीष्म मानसून उतना ही प्रबल होता है। परिणामस्वरूप भारतीय उपमहाद्वीप में उतनी ही अच्छी वर्षा होती है।

भूगोलवेत्ताओं के अनुसार, भारतीय प्लेट (वह प्लेट, जिसपर भारतीय प्राय:द्वीप स्थित है) के यूरेशिया प्लेट से टकराने के परिणामस्वरूप ही हिमालय पर्वत का निर्माण हुआ है। टकराने की यह क्रिया अब भी जारी है। इस कारण हिमालय अब भी ऊपर उठ रहा है और कदाचित् आगामी करोड़ वर्षों तक वह ऊपर उठता रहेगा। उसकी इस क्रिया के कारण भूवैज्ञानिक उसके अनेक गुणों का सही-सही अनुमान नहीं लगा पा रहे हैं।

आप पढ़ चुके हैं कि भारतीय प्राय:द्वीप कभी अंटार्कटिक के साथ गोंडवानालैंड का एक अंग था। अतएव उसकी और अंटार्कटिक की प्राकृतिक संरचना में बहुत समानता है। इसलिए भारतीय प्राय:द्वीप की भूगर्भीय संरचना का आभास अंटार्कटिक की प्राकृतिक संरचना के अध्ययन से हो सकता है। साथ ही, भारतीय प्राय:द्वीप की प्राकृतिक संरचना में मनुष्य द्वारा कुछ 'छेड़छाड़' हो गई है, परंतु अंटार्कटिक अब भी इस बारे में अछूता ही बचा हुआ है। उसपर बसी आबादियों आदि के कारण भारतीय प्राय:द्वीप का इस प्रकार से अध्ययन नहीं किया जा सकता जिस प्रकार अंटार्कटिक महाद्वीप का।

हिंद महासागर भारत के लिए बहुत महत्त्वपूर्ण है। भारत की प्रगति की दृष्टि से उसे 'भविष्य की आशा' कहा जा सकता है। वह अंटार्कटिक महासागर से निरंतर पानी प्राप्त करता रहता है। वास्तव में उसकी तली का ठंडा पानी अंटार्कटिक महासागर से ही आता है। इस पानी पर हिंद महासागर की उत्पादकता निर्भर रहती है। इस पानी में घुले पोषक तत्त्व हिंद महासागर के जीव-जंतुओं को जीवित रहने और वृद्धि करने में बहुत योग देते हैं। इस प्रकार भारत के तटीय सागरों, मछलियों तथा अन्य जीवों की मात्रा परोक्ष रूप से अंटार्कटिक महासागर पर निर्भर है।

बढ़ता हुआ प्रदूषण

विश्व के अनेक देशों में अंटार्कटिक के प्रति जनसाधारण की तेजी से रुचि बढ़ रही है। वहाँ के लोग इसके बारे में अधिकाधिक जानकारी प्राप्त करना चाहते हैं। साथ ही इस अनोखे महाद्वीप को स्वयं देखना भी चाहते हैं। इससे दिन-प्रतिदिन अंटार्कटिक जानेवाले सैलानियों की संख्या बढ़ती जा रही है। यह बहुत शुभ संकेत है, पर इसका एक दूसरा पक्ष भी है। अंटार्कटिक में लोगों के आवागमन से वहाँ की शांति भंग होती है। वहाँ शोर उत्पन्न होता है, कचरा बढ़ता है और वहाँ के, विशेष रूप से अंटार्कटिक महासागर के, जीव-जंतुओं को हानि पहुँचती है।

अंटार्कटिक में लोग जितनी अधिक संख्या में जाएँगे, वे उतनी अधिक मात्रा में अपने साथ खाद्य सामग्री तथा जरूरत के अन्य सामान ले जाएँगे और इस्तेमाल के बाद उतनी ही अधिक मात्रा में बेकार चीजें (कचरा) फेंकेंगे।

अंटार्कटिक की जलवायु ऐसी नहीं है कि यह कचरा स्वयं विघटित होकर अन्य पदार्थों में परिवर्तित हो जाए। वह वर्षों तक उसी अवस्था में, जिसमें फेंका जाए, बना रहता है। इस प्रकार अंटार्कटिक जानेवाले लोगों की संख्या में जितनी वृद्धि होगी, वहाँ प्रदूषण उतना ही अधिक बढ़ेगा।

अंटार्कटिक महाद्वीप से मानव-जाति को बहुत आशा है। वह 'भविष्य का महाद्वीप' है। उसे हमें भावी पीढ़ियों के लिए अक्षुण्ण, स्वच्छ और शांत बनाए रखना है।

□

शब्दावली

अकशेरुकी	Invertebrate	गुरुत्वमिति	Gravimetry
अगम्यता	Inaccessibility	गोलार्द्ध	Hemisphere
—ध्रुव	pole of—	चुंबकीय क्षेत्र	Magnetic field
अणु	Molecule	जीवजात	Biota
अपक्षय	Weathering	जीवाश्म-विज्ञान	Palaeontology
अपक्षरण	Ablation	जैव-भूरासायनिक	Biogeochemical
—क्षेत्र	—area	जैव विविधता	Biodiversity
—गोलाश्मी मृत्तिका	—till	तरंग	Wave
—मलबा	—debris	दीर्घ—	long—
अपरदन	Erosion	लघु—	short—
अपवाह	Drift	दक्षिणावर्त	Clockwise
अभिसरण	Convergence	ध्रुवीय	Polar
अयनांत/संक्रांति	Solstice	ध्रुवीय ज्योति	Aurora
अवरक्त	Infrared	पख	Fin
अवशोषण	Absorption	परमाणविक	Atomic
अवसादी चट्टान	Sedimentary rock	परमाणु	Atom
आग्नेय चट्टान	Igneous rock	पराबैंगनी	Ultravoilet
आयनमंडल	Ionosphere	परावर्तकता	Reflectivity
आवेशित	Charged	परिकल्पना	Hypothesis
उत्परिवर्तन	Mutation	परिध्रुवीय	Circumpolar
उपअंटार्कटिक	Subantarctic	परिरक्षण	Preservation
उपोष्ण	Subtropical	पवन	Wind
उल्कापिंड	Meteorite	पारिस्थितिक तंत्र	Ecosystem
क्षय	Dissipation	प्रतिरक्षा तंत्र	Immune system
क्षोभमंडल	Troposphere	प्रेक्षण	Observation

बर्फ	Ice	भ्रमिल	Vortex
—आवरण	—cover	महाद्वीपीय	Continental
—खंड	—berg	रेडियो रव	Radio noise
—खाड़ी	—bay	वामावर्त	Anticlockwise
—चादर	—sheet	विकिरण	Radiation
—छत्रक	—cap	शैवाक	Lichen
—झंझा	—storm	शैवाल	Algae
—पर्पटी	—crust	श्रृंखला प्रक्रिया	Chain reaction
पुंज—	pack—	संचरण	Propogation
प्लावी—	floe	संरक्षण	Conservation
—प्लावी बर्फ-चादर	—flot	समतापमंडल	Stratosphere
—बद्ध	—bound	सममिति	Symmetry
—भंजक	—breaker	समस्थानिक	Isotope
—भृंगु	—clift	हिम	Snow
—शेल्फ	—shelf	हिमनदी	Glacier
भूकंपविज्ञान	Seismology	हिमयुग	Iceage
भूगणित	Geodesy		
भूरासायनिकी	Geochemistry		

□□□